ADAC Reiseführer

Bali

und Lombok

Strände · Tempel · Märkte · Tauchspots
Quellbäder · Museen · Hotels · Restaurants

Die Top Tipps führen Sie zu den Highlights

von Elisabeth Schnurrer

Intro

Unterwegs

HAVING FUN?

Leserforum

Die Meinung unserer Leserinnen und Leser ist wichtig, daher freuen wir uns von Ihnen zu hören. Wenn Ihnen dieser Reiseführer gefällt, wenn Sie Hinweise zu den Inhalten haben – Ergänzungs- und Verbesserungsvorschläge, Tipps und Korrekturen –, dann kontaktieren Sie uns bitte:

Redaktion ADAC Reiseführer
ADAC Verlag GmbH
Hansastraße 19, 80686 München
Tel. 089/76 76 41 59
reisefuehrer@adac.de
www.adac.de/reisefuehrer

Bali und Lombok – die schönsten Wanderungen und Touren

Karten und Pläne

☐ Service

Bali und Lombok Impressionen

Inselperlen im Indischen Ozean

Viel gerühmt sind die tropischen Inseln Indonesiens, die sich von Sumatra bis Irian Jaya über Tausende von Kilometern am Äquator entlang hinziehen – wie die sprichwörtlichen schimmernden Perlen an einer langen Kette.

Bali

Unter den mehr als 6000 bewohnten Inseln Indonesiens nimmt Bali seit jeher eine Sonderstellung ein. Nur 5561 km^2 groß ist die westlichste der Kleinen Sundainseln und doch bei Weitem die bekannteste des indonesischen Archipels. Mit ihrem Namen verbindet sich die Vorstellung vom **Paradies auf Erden**, in dem anmutige, sanftmütige und stets freundliche Menschen leben, die von der Natur reich beschenkt werden.

Reichtum der Natur

Tatsächlich offenbart sich Bali als wunderschönes Fleckchen Erde. Kokospalmen beschatten feine **Sandstrände**, muschelweiß im Süden, vulkanschwarz im Norden. Die Berghänge im Zentrum der Insel sind bedeckt von kunstvoll angelegten **Reisterrassen**, die so anmutig und gepflegt aussehen, als seien sie von Gartenarchitekten gestaltet worden. Dazwischen erstrecken sich ausgedehnte Kaffee- und Gewürzplantagen. In den mittleren und höheren Lagen erstrecken sich zudem weite Wälder, durch deren dichtes Grün immer wieder die kühlen Wasser romantischer Bergseen schimmern.

Kultur der Harmonie

Bali ist die einzige hinduistische Insel im ansonsten überwiegend muslimischen Indonesien. Rund 90 % der Balinesen gehören dem **Hindu-Dharma-Glauben** an, der Harmonie der Menschen untereinander sowie Einklang mit der Natur und den Göttern lehrt. Daher sind Balinesen meist auf Ausgleich bedacht und gern bereit, in jeder Situation erst einmal mit einem Lächeln zu reagieren.

Der balinesische Hinduismus brachte ein moderates Vier-Kasten-Wesen hervor.

Oben: *Durch ein Furcht erregendes Maul gelangt man in die Höhle von Goa Gajah*
Rechts: *Würdevoll präsentieren Balinesinnen kunstvoll aufgetürmte Opfer für die Götter*
Oben rechts: *Inbegriff Asiens – Türme und Dächer des Tempels Tanah Lot im Abendlicht*

Gleichzeitig bildet er die Grundlage für die Vielzahl von **Göttern und Dämonen**, die überall auf Bali in Tempeln, Schreinen oder Naturerscheinungen verehrt werden. In jedem Fall sind sie Manifestationen des einzigen Gottes Ida Sanghyang Widhi Wasa. Kleine, liebevoll dargebrachte Opfergaben an Altären, Stränden oder Wegkreuzungen gehören ebenso zum balinesischen Alltag wie farbenfrohe Bitt- und Dankprozessionen.

Ferien für Körper und Seele

Auch für Urlauber sind Besuche der oft prachtvoll geschmückten **Tempel** auf Bali ein Muss. Auswahl gibt es reichlich, mal kühn auf Klippen thronend wie Uluwatu oder Tanah Lot, mal auf der Höhe der Berge den Göttern nah wie Besakih oder Batukau.

Man kann diese Berge auch aus rein sportlichen Gründen besteigen, etwa den 3142 m hohen Gunung Agung, den

›Sitz der Götter‹, oder den Gunung Batur (1717 m). Wer weniger hoch hinaus will, kann seine Zeit sehr angenehm mit **Wandern** oder **Fahrradfahren** verbringen, zum Beispiel rings um das Künstlerstädtchen Ubud im Inselinnern.

Und dann gibt es noch die herrlichen Strände, die zum unbeschwerten Sonnenbaden einladen. Ein Bad im Meer ist zwar nur vereinzelt möglich, etwa in der riffgeschützten Bucht von Sanur. Doch ansonsten wird **Wassersport** an der Küste groß geschrieben, von Surfen vor Kuta oder Uluwatu bis zu Schnorcheln und Tauchen an den Riffen vor Tulamben und der zum Nationalpark Bali Barat gehörenden Pulau Menjangan im Norden.

Licht- und Schattenseiten

All das gibt es, dieses traumhafte Bali existiert wirklich. Doch das ›Paradies‹ hat auch andere Seiten, die nicht selten mit dem seit den 1920er-Jahren beständig

Oben: *Grimmige Tempelwächter halten das Böse fern, hier am Tor von Batubulan*
Mitte: *Von Realismus bis Fantastik reicht die Palette balinesischer Malerei*
Unten: *Metallophone gehören zu den Instrumenten traditioneller Gamelanorchester*
Mitte oben: *Beschwörend und ekstatisch wirkt der Kecak-Tanz*
Rechts oben: *Mit wilden Gebärden erzählt der Tari Jauk-Solotanz von Monstertaten*
Rechts Mitte: *Tücher und Stoffe bestechen durch ihre kräftigen Farben*
Rechts unten: *Thema im Barong-Tanz ist der ewige Kampf zwischen Gut und Böse*

zunehmenden Tourismus in Zusammenhang stehen. Dazu gehören lange unbekannte soziale und ökologische Probleme wie Landflucht, Auflösung althergebrachter Familienstrukturen, Wasserknappheit oder Ausverkauf des Landes. In Touristenzentren wie Kuta oder Legian geht es nicht nur für den Geschmack von Traditionalisten am Strand und in zahlreichen Bars und Nachtclubs mittlerweile sehr ›unbalinesisch‹ zu. So waren denn auch die Bombenanschläge im Oktober 2002 auf ein Lokal in Kuta und im Oktober 2005 in Jimbaran anti-westlich motiviert. Beide Orte gehören zu den Zentren des touristischen Strandlebens auf Bali. Danach brachen die Besucherzahlen zunächst deutlich ein, was wiederum drastisch deutlich machte, wie sehr Bali heute wirtschaftlich auf den Tourismus angewiesen ist.

Doch die ›Insel der Götter‹ erholte sich schnell von dem Terrorschock, die ausländischen Besucher kehren zahlreicher zurück als je zuvor. Heute heißt die rund 3,9 Mio. Einwohner zählende Insel Bali jedes Jahr etwa 4 Mio. Gäste aus aller Welt willkommen.

Die Balinesen sind überzeugt, dass sie die Anforderungen der modernen Zeit in ihre traditionelle Gesellschaft integrieren können – nicht zuletzt, da ein starker Pfeiler ihrer Gemeinschaft nach wie vor die Religion ist. Nach Ansicht gläubiger Balinesen tragen sie mit ihren Prozessionen und Feierlichkeiten dazu bei, die Welt im Gleichgewicht zu halten. Auch in dieser Hinsicht ist Bali einmalig.

Lombok

Gegen die schier übermächtige Konkurrenz des beliebten Bali tut sich die vergleichsweise unbekannte östliche Nachbarinsel Lombok oft schwer.

Andererseit besuchen Urlauber, denen Bali touristisch zu erschlossen, zu durchorganisiert ist, gern das benachbarte Lombok, das auf 4667 km^2 relative Abgeschiedenheit bietet. Gäste finden hier ebenso prächtige **Sandstrände**, palmenbestanden in Senggigi, blendend weiß und weit in Kuta und Tanjung A'an oder schwarz von fein zermahlenem Lavastein bei Labuhan Haji – nur eben ruhiger und menschenleererer als beim westlichen Nachbarn.

Insel für Sportliche

Das touristische Angebot Lomboks muss sich zumindest an Westküste der Insel nicht verstecken. Schwimmen, Windsurfen, Wasserski, hier ist alles geboten, was des Wassersportlers Herz begehrt. Aus-

Oben: *Traumbild eines weißen Strandes zwischen Grün und Blau – hier in Padang Bai*
Mitte: *Tradition und Moderne verbinden sich – Tänzerinnen auf dem Weg zur Aufführung*
Unten: *Fröhliche Kinder prägen überall das Bild der Inseln*
Rechts oben: *Wie vom Landschaftsarchitekten angelegt – Reisterrassen bei Pupuan*
Rechts Mitte: *Der Schattenspieler des Wayang kulit versetzt seine Zuschauer mit Stabpuppen in ferne Zeiten und Welten*

gedehnte Tauch- und Schnorchelausflüge zu den Gilis mit ihren berühmten **blauen Korallen** gehören zu den schönsten Urlaubserlebnissen, die Lomboks Unterwasserwelt zu bieten hat.

Allen, die im Urlaub hoch hinaus wollen, kann auch Lombok mit einem aktiven Vulkan dienen. Alpinistisch dürfte die Besteigung dieses 3726 m hohen **Gunung Rinjani** sogar eine größere Herausforderung sein, als den ›westlichen Bruder‹ Gunung Agung zu bezwingen.

Land und Leute

Mitunter sagt man von Lombok, es sei wie Bali vor 50 Jahren. Das stimmt nur bedingt. Freilich geht alles gemächlicher zu, aber Lombok unterscheidet sich auch grundsätzlich von seinem Nachbarn.

Das betrifft zum einen die Religion, denn die rund 3,1 Mio. Einwohner Lomboks sind zu 90 % muslimische **Sasak**. Die Mehrzahl der restlichen 10 % sind zugewanderte Balinesen, dazu kommen chinesische, arabische und javanische Minderheiten. Nur auf Lombok findet sich zudem die muslimische **Wetu Telu-Sekte**, die an die Dreiheit allen Seins glauben.

Geografisch sind Bali und Lombok zudem durch die **Wallace-Linie** getrennt. Benannt ist sie nach dem britischen Zoologen Sir Alfred Russell Wallace, der im 19. Jh. westlich und östlich dieser natürlichen Scheide unterschiedliche Fauna und Flora feststellte, hüben asiatische, drüben australische Lebensformen. Daher ist auch die Natur Lomboks eine andere als die Balis. Wiewohl auf beiden Inseln das ganze Jahr tagsüber Temperaturen von 27 bis 30 °C im Schatten herrschen, ist die **Vegetation** in weiten Teilen Lomboks doch etwas karger. Entsprechend wird überwiegend Trockenreis angebaut, stimmungsvolle Reisterrassen sieht man hier nur selten.

Diese selbstgenügsamere Grundstimmung scheint auch **Kultur und Kunst** der Sasak zu prägen. Die verwendeten Farben sind gedämpfter, die Tänze wirken urtümlicher, die Sasak selbst im Wesen zurückhaltender. Und doch ist es gerade diese gewisse Sprödigkeit, die die ganz eigene Schönheit und den Charme Lomboks ausmacht.

Geschichte, Kunst, Kultur im Überblick

Tempel, Traditionen und Traumstrände – Inseln für Götter, Prinzessinnen und Touristen

Prähistorische Zeit

ca. 25 000–3000 v. Chr. Besiedelung des indonesischen Archipels von Südchina her.

um 2500–1500 v. Chr. Malaien wandern aus dem Norden ein.

um 300 v. Chr. Beginn der Bronze- und Eisenzeit auf Bali.

Hinduistisch-buddhistische Zeit

ab 1. Jh.n. Chr. Indische Händler bereisen den gesamten Archipel und verbreiten buddhistisches Gedankengut, vor allem im Westen Indonesiens.

913 Dieses Datum gibt die älteste auf Bali erhaltene Steinsäule im Pura Belanjong im Süden Sanurs an. Ihre Inschrift belegt bereits Reisanbau und Bewässerung.

Ende 10. Jh. Die Heirat des balinesischen Fürsten Udayana mit der javanischen Prinzessin Mahendradatta verbindet die sich bis dahin politisch getrennt entwickelnden Inseln Bali und Java. Bali öffnet sich nun den hinduistischen Einflüssen aus Java.

Bronzezeitliche Kunst auf Bali ist der ›Mond von Pejeng‹

1019–42 König Airlangga, Sohn von Udayana und Mahendradatta, regiert ein vereintes balinesisch-javanisches Königreich, das kulturell und wirtschaftlich erblüht. In der Architektur der zu dieser Zeit entstandenen Anlage Gunung Kawi sind die Einflüsse beider Inseln nachvollziehbar.

Mitte 11. Jh. Auf Airlanggas Tod folgt ein politisches Chaos, aus dem Bali schließlich als unabhängiges Reich hervorgeht.

12. Jh. Im Süden Balis entsteht das Reich von Pejeng-Bedulu (bis Ende 13. Jh.). Sein Zentrum liegt in der Nähe des heutigen Ubud.

1284 Der ostjavanische Singhasari-König Kertanegara erobert ganz Bali, kann die Insel aber nicht halten.

1292 Bali ist wieder selbstständig.

13./14. Jh. Arabische und indische Händler vermitteln erste Kontakte mit dem Islam, der in Teilen Indonesiens, vor allem im Norden, schnell angenommen wird.

1343 Die neuerliche javanische Eroberung Balis unter Gajah Mada, dem Premierminister der javanischen Majapahit-Dynastie, verläuft erfolgreicher. Bali wird Teil des ersten archipelumfassenden indonesischen Reiches. Gelgel (nahe dem heutigen Klungkung) wird bis zum Ende des 14. Jh. Hauptstadt des Dewa Agung, des ›Königs von Bali‹.

um 1330–90 Blütezeit des Majapahit-Reiches.

Ende 14. Jh. Unter dem zunehmenden Einfluss des Islam zerfällt das Königreich der Majapahit in mehrere Sultanate. Das balinesische Reich von Gelgel hat Bestand und dehnt seinen Einfluss unter Dalem Batur Enggong ostwärts – auch auf Lombok – aus.

1478 Viele Hindus und Buddhisten fliehen vor dem Islam nach Bali. Unter den Flüchtlingen befindet sich auch der javanische Hindupriester Danghyang Nirartha (auch: Pedanda Sakti Bau Rau). Ihm wird großer Einfluss auf die Entwicklung der balinesischen Religion sowie die Gründung der Tempel Uluwatu und Tanah Lot zugeschrieben.

Europäische Einflussnahme und Kolonialzeit

1509 Portugiesische Handelsreisende erreichen auf der Suche nach Gewürzen erstmals indonesische Küsten (Sumatra).

ca. 1520 Der islamische Herrscher von Demak zerstört das einst so mächtige Majapahit-Reich. Der letzte Majapahit-Prinz flieht mit seinem Hofstaat und vielen Künstlern nach Bali. Unter dem Titel Dewa Agung begründet er in Gelgel eine eigene Dynastie und bewahrt das hinduistische Erbe. In seiner Tradition untersteht Bali für das nächste Jahrhundert einer strengen Zentralregierung, die ihren Sitz zunächst in Gelgel hat. Bali nimmt kulturell-religiös jene Gestalt an, die sich bis heute erhalten hat.

1522 Die Portugiesen kontrollieren von ihrem Stützpunkt auf den Molukken aus ihr Gewürzhandels-Monopol.

1597 Zum ersten Mal landen Holländer unter Kapitän Cornelius Houtman an der Küste Balis.

1602 Die Niederländer wollen das portugiesische

Zu Beginn des 17. Jh. erreichte die niederländische ›Vereinigte Ostindische Compagnie‹ Bali

Monopol brechen und gründen zum Zweck des Gewürzhandels die ›Vereinigte Ostindische Compagnie‹ (VOC).

1619 Als Umschlaghafen gründet die VOC auf Java die Stadt Batavia, das spätere Jakarta. Der VOC gelingt es, die Portugiesen aus Indonesien zu verdrängen und den gesamten Norden unter ihren Einfluss zu bringen.

1651 Das balinesische Reich des Dewa Agung zerfällt, und aus seinen Trümmern geht rund ein Dutzend eigenständiger, konkurrierender Fürstentümer hervor. Der Titel Dewa Agung bleibt erhalten und bezeichnet fortan den ranghöchsten der balinesischen Rajas.

17./18. Jh. Der südbalinesische Raja von Karangasem herrscht für einige Zeit auch über Lombok.

1710 Das Fürstentum von Gelgel verlegt aus religiösen Gründen den Regierungssitz nach Klungkung.

1720 Auf Lombok versucht Prinz Anak Agung Made Karang von Singasari vergeblich, durch den Bau des Pura Meru im heutigen Cakranegara die kleinen hinduistischen Reiche im Westen der Insel zu einen.

1799 Die niederländische Regierung übernimmt die bankrotte VOC mit all ihren Besitzungen.

1811 Den Briten fällt als Folge der Napoleonischen Kriege Niederländisch-Ostindien (in etwa das heutige Indonesien) zu.

1816 Der britische Ostindien-Gouverneur Thomas Stamford Raffles fügt sich vertraglichen Vereinbarungen und übergibt die ›ostindischen‹ Länder erneut den Niederländern.

1825 Prinz Diponegoro führt auf Java einen erfolglosen Volksaufstand gegen die Holländer.

ab 1830 Auf der Suche nach Land und Gewürzen richten die Holländer ihr Interesse auch auf die südlicheren Inseln des indonesischen Archipels. Gleichzeitig führen sie in den von ihnen kontrollierten Gebieten den Zwangsanbau von Exportprodukten wie Kaffee und Tee ein. Der traditionelle Reisanbau wird vernachlässigt. In der Folge kommt es zu furchtbaren Hungersnöten.

1846 Die Niederländer nehmen den Streit um ein in Buleleng gestrandetes Schiff zum Vorwand, den Norden Balis um die Hafenstadt Singaraja zu erobern und unter ihre Verwaltung zu stellen. Sie versuchen, die südlichen Fürstentümer in ihre Gewalt, mindestens aber unter ihren Einfluss zu bringen.

1894 In Lombok unterstützen die Niederländer einen Aufstand der im Osten lebenden einheimischen Sasak gegen die im Westen der Insel ansässigen Balinesen. Nach anfänglichen militärischen Erfolgen endet die balinesische Regentschaft über Lombok mit dem Fall Cakranegaras. Der Kronprinz stirbt, der alte Raja wird nach Batavia (Jakarta) ins Exil geschickt.

1900 Die verfeindeten balinesischen Fürstenhäuser versäumen es, sich gegen die Holländer zusammenzuschließen. Der Raja von Gianyar bittet die Kolonialherren um Schutz.

1901 Bis heute letzter Ausbruch des Gunung Rinjani auf Lombok.

1906 Auf Bali gilt Strandrecht, doch erneut nutzen die Holländer die Bergung eines gestrandeten Schiffes als Vorwand, um das Königreich von Badung im Süden Balis mit Kriegsschiffen und Marineinfanterie anzugrei-

1938 demonstrieren die letzten Rajas von Bali nach außen hin noch Macht und Pracht

fen. Gegen die waffentechnisch überlegenen Europäer haben die Balinesen keine Chance. Der Raja von Badung aber will sich dem Unrecht und der Schmach nicht beugen und geht mit seinem Gefolge und Hunderten Untertanen den Holländern entgegen. Vor deren Augen ziehen sie den Puputan, die rituelle Selbsttötung, der Schande und der Unfreiheit vor.

1906–14 Die Holländer erobern ganz Bali. Weitere Fürstenhäuser, so 1908 das von Klungkung, begehen Puputan, die Rajas von Gianyar und Karangasem hingegen unterwerfen sich den Invasoren.

Bestseller: Vicki Baum schrieb ›Liebe und Tod auf Bali‹ (1937)

1920 In Deutschland erscheint das Buch ›Die Insel Bali‹ von Georg Krause. Er hatte 1912–14 als Mediziner in Bangli gearbeitet, und seine Fotografien von Bali und seinen Bewohnern erwecken großes Interesse im Westen.

ab 1920 Europäische und US-amerikanische Intellektuelle entdecken balinesische Kultur und Kunst. Künstler wie die Maler Walter Spies und Rudolf Bonnet, der Musiker Colin McPhee oder die Schriftstellerin Vicki Baum besuchen die Insel und lassen sich z. T. auch hier nieder. Ihre begeisterten Berichte in westlichen Publikationen machen Bali weltweit bekannt.

Unabhängigkeit Indonesiens

1927 Raden Ahmed Sukarno gründet die ›Partai Nasional Indonesia‹ (PNI) mit dem Ziel, Indonesien aus der kolonialen Abhängigkeit zu führen.

1927 Als erstes Hotel der Insel wird in Denpasar das ›Bali Hotel‹ eröffnet.

1932 Der deutschstämmige Künstler Walter Spies zieht nach Iseh (zwischen Klungkung und Besakih).

1936 Die US-Autorin K'tut Tantri (eigentlich Vannine Walker) eröffnet mit ihren Landsleuten Louise und Robert Koke das erste Hotel am Strand von Kuta, das ›Kuta Beach Hotel‹.

1942 Die Japaner erobern im Zweiten Weltkrieg Niederländisch-Ostindien.

15. August 1945 Japan kapituliert.

17. August 1945 Sukarno ruft die Unabhängigkeit der Republik Indonesien aus.

1945–49 Indonesischer Unabhängigkeitskrieg: Die Kolonialmacht Niederlande erkennt die Autonomie nicht an und bekämpft das junge Indonesien.

20. November 1946 In der Schlacht von Marga auf Bali fallen der indonesische Unabhängigkeitsheld I Gusti Ngurah Rai und 94 seiner Anhänger.

1949 Nach der Intervention der Vereinten Nationen verzichten die Niederlande in der Konferenz von Den Haag auf Gebietsansprüche in Indonesien. Der junge Staat ist damit auch offiziell unabhängig.

17. August 1950 Offizielle Gründung der ›Republik Indonesia‹. Sukarno wird zum ersten Präsidenten gewählt.

17. März 1963 Beim bisher letzten Ausbruch des Vulkans Gunung Agung auf Bali werden mehrere Dörfer zerstört und etwa 2000 Menschen getötet. Die Region um Tulamben zeigt noch lange Spuren der gewaltigen Naturkatastrophe.

30. September 1965 Militärputsch unter General Hadji Mohamed Suharto, angeblich, um einem kommunistischen Staatsstreich zuvorzukommen. Im ganzen Land – auch auf Bali und Lombok – folgen ›Kommunistenverfolgungen‹, bei denen bis zu 200 000 Menschen getötet werden.

1968 Der indonesische Volkskongress wählt Suharto zum Staatspräsidenten, eine Wahl, die sich 1973, 1978, 1983, 1988 und 1993 wiederholt. Suharto öffnet und stärkt Indonesien wirtschaftlich.

ab 1970 Zunehmend entdecken Touristen Bali als Urlaubsinsel. Touristenzentren wie Sanur und Nusa Dua im Süden, Candi Dasa im Osten und Lovina im Norden sollen einheimische Kultur schützen.

ab 1980 Die feinen Sandstrände von Senggigi im dünn besiedelten Lombok werden für den Tourismus erschlossen.

1993 Das kleine Bali ist beliebter denn je und erlebt einen jährlichen Ansturm von 900 000 ausländischen Besuchern.

1997 Kuta im Süden Lomboks öffnet sich dem Tourismus.

1998 Die Unzufriedenheit der Bevölkerung mit dem regierenden Suharto-Clan mündet in Gewalt. Auch auf Bali und Lombok kommt es vereinzelt zu Unruhen. Am 21. Mai tritt Präsident Mohamed Suharto zurück.

1999 Aus den Wahlen geht Abdurrahman Wahid als Präsident hervor.

2001 Der umstrittene Wahid wird seines Amtes enthoben; ihm folgt die bisherige Vizepräsidentin Megawati Sukarnoputri, die Tochter des Staatsgründers Ahmed Sukarno.

2002 Am 12. Oktober explodiert im gut besuchten Sari Club und der benachbarten Paddy's Bar in Kuta eine Bombe und tötet 202 Menschen, zumeist australische und europäische Touristen. Der anti-westliche Terroranschlag entsetzt und verunsichert Urlauber und Balinesen gleichermaßen. Die Besucherzahlen auf Bali und Lombok brechen dramatisch ein.

2004 Die Parlamentswahlen in Indonesien gewinnt überraschend die konservative Golkar-Partei. Bei der folgenden Präsidentschaftswahl wird erstmals das Staatsoberhaupt direkt gewählt; dabei setzt sich Susilo Bambang Yudhoyono durch. – Balis Tourismus erholt sich langsam wieder von den Terroranschlägen des Vorjahres, 2004 haben wieder 1,5 Mio. Gäste die ›Insel der Götter‹ besucht. Lombok leidet dagegen nachhaltig unter dem Ausbleiben von Touristen.

2005 Am 1. Oktober explodieren erneut Bomben auf Bali, fast zeitgleich in Jimbaran Bay und in Kuta. Dabei kommen 26 Menschen ums Leben, rund 122 werden verletzt. Balinesen reagieren schockiert, aber auch zornig auf diesen neuerlichen Ausbruch von Gewalt auf ihrer lange Zeit so friedlichen Insel. Zwar reisen nur wenige Gäste ab, doch sinkt die Zahl der Neuankömmlinge auf Bali abermals spürbar. – Von der verheerenden Flutwelle (Tsunami), die im Dezember weite Teile des asiatisch-pazifischen Raums heimsucht, bleiben die Küsten Balis und Lomboks verschont.

2006 Eine Reihe von balinesischen Kulturfestivals findet zunehmend auch über die Insel hinaus Anerkennung, etwa das jährlich im September bzw. Oktober stattfindende Ubud Writers & Readers Festival für Autoren und Literaturfreunde.

2007 Im Nusa Dua-Resort im Süden Balis findet die UN-Klimakonferenz mit ca. 10 000 Politiker und Experten aus 192 Ländern statt.

Ahmed Sukarno (1901–1970), erster Präsident Indonesiens

2009 Direktwahl des indonesischen Präsidenten, Susilo Bambang Yudhoyono (SBY) wird wiedergewählt.

2011 Eröffnung des neuen internationalen Flughafens Bandara bei Praya im Süden von Lombok.

2013 Das renommierte Bali Arts Festival in Denpasar feiert sein 35-jähriges Bestehen mit zahlreichen Paraden und Sonderbühnen in der ganzen Stadt.

Präsident Susilo Bambang Yudhoyono, genannt SBY

Unterwegs

Der Tempel aller Tempel auf Bali – die gewaltige Anlage von Besakih am Fuß des heiligen Berges Gunung Agung

Bali – Insel der Götter

Reis ist das Hauptnahrungsmittel der Balinesen und Reisfelder bestimmen das Bild der Insel

Vielfältig und zauberhaft ist Bali. Die westlichste der Kleinen Sunda-Inseln gilt als **Traumziel** im indonesischen Archipel. Das 5561 km^2 große Bali meistert den Ansturm souverän. Die meisten der rund 3,9 Mio. Einwohner Balis freuen sich über das Interesse an ihrer herrlichen Insel und haben sich allen Fremdeinflüssen zum Trotz ihre offene, freundliche Kultur und ihr Lächeln bewahrt.

Dazu trägt sicher der **Hinduismus** bei, der sich in Indonesien einzig auf Bali als Volksreligion erhalten hat. Die Insel ist übersät mit Tempeln und Götterfiguren, und allenthalben werden mehrmals täglich Opfergaben dargebracht. Farbenprächtige **Tempelfeste** und exotisch anmutende Prozessionen prägen das tägliche Bild. Besonders beeindruckend sind die großen Zeremonien, etwa im Muttertempel Besakih. Andererseits können Erholungsuchende auch einfach einen ruhigen Aufenthalt an einem von Balis schönen **Sandstränden** genießen. Verlockend genug sind sowohl die mit feinem hellem Muschelgries bedeckten Ufer von Nusa Dua, Sanur oder Kuta im Süden als auch die schwarzen Vulkanstrände von Lovina oder Pemuteran im Norden. Zwar eignet sich der oft wilde Indische Ozean nur stellenweise zum Schwimmen, doch Alternativen in Sachen **Wassersport** gibt es reichlich: Surfen vor Tanah Lot und Legian, Tauchen und Schnorcheln vor Sanur, Tulamben oder um Pulau Menjangan, Katamaran-Segeln auf der Straße von Lombok.

Auch zu Land gibt es viel zu unternehmen. Leicht lässt sich ein Tempelbesuch verbinden mit Reiten, Mountainbiken oder River Raften. Ganz Sportliche können eines der vier großen **Vulkanmassive** auf Bali erklimmen. Die höchste Herausforderung in dieser Hinsicht stellt im Osten der noch aktive, den Balinesen als heilig geltende Gunung Agung mit seinen 3142 m Gipfelhöhe dar. Weniger anstrengend und ebenfalls sehr schön sind Wanderungen in den Wäldern um Ubud, dem künstlerischen Herzen der Insel, oder um Bergdörfer wie Bedugul oder Kintamani im wald- und seenreichen Zentrum Balis.

Farbenprächtige Masken, hier ein Garuda, tragen zur Faszination Balis bei

Der Süden – paradiesische Badefreuden

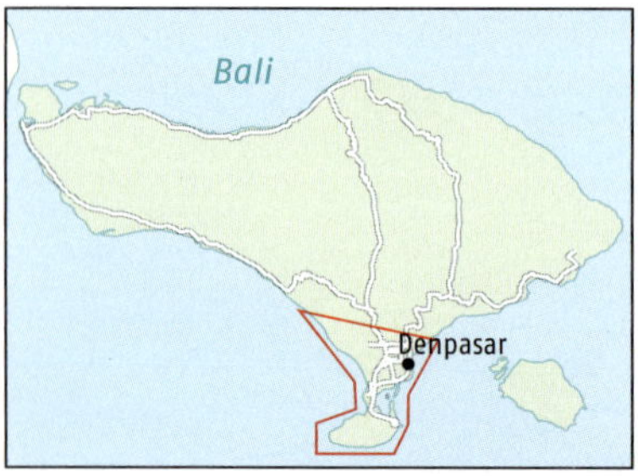

Die großen touristischen Zentren Balis liegen nicht weit von der Inselhauptstadt **Denpasar** und dem dortigen Internationalen Flughafen: **Sanur** im Osten, mit seinem schmalen feinen Sandstrand und dem vorgelagerten Riff. Oder im Westen die lebhaften Zwillingsstädte **Kuta** und **Legian**, die für Surfen, Strand- und Nachtleben bekannt sind. Zwar herrscht auch am Meerestempel **Tanah Lot** geschäftiger Trubel, doch ist trotz der zahlreichen Besucher die Atmosphäre an diesem heiligen Ort würdevoll und zumindest eine Stippvisite wert.

Den Abschluss im äußersten Süden bildet die trockene Halbinsel Bukit Badung. Auch sie kann bei **Jimbaran, Tanjung Benoa** und um das Resort **Nusa Dua** mit schönen Sandstränden aufwarten. Als Kontrastprogramm lohnt sich ein Besuch des abenteuerlich gelegenen Meerestempels **Uluwatu**, der sich gut mit einem Surfausflug an die Südwestküste verbinden lässt.

1 Kuta, Legian, Seminyak

Herrlicher Sandstrand für Sonnenanbeter, attraktive Brandung für Surfer.

Kuta und Legian – diese Namen stehen für exzessives Nachtleben und Amüsement jeder Art. Und leider auch für einen verheerenden *Bombenanschlag*, der am 12. Oktober 2002 vor einer Diskothek und Bar in Kuta mehr als 200 Menschen in den Tod riss. Daran erinnert an der Straßenkreuzung Jl. Legian/J. Poppies 2 das **Monumen Tragedi Kemanusian**, das Mahnmal für die Menschliche Tragödie. Auf seiner schwarzen Marmortafel sind in Gold die Namen und Nationalitäten der Opfer eingraviert.

In den Straßen Kutas herrscht längst wieder lärmender Trubel, ebenso an den Hauptabschnitten der weiten weißen **Sandstrände**, die hier kilometerlang die Küste säumen. Von Unterkünften aller Preisklassen gesäumt, ziehen sie sich von Tuban beim Flughafen im Süden über Kuta, Legian, Seminyak und Basangkasa nördlich davon bis zu den jüngsten Erschließungsgebieten von Kerobokan und Canggu. Die bekannten ›Vergnügungsviertel‹ in diesem Häusermeer sind **Kuta** und **Legian** mit ihren zahlreichen Cafés, Bars, Clubs und Diskotheken. **Seminyak** gilt als gediegener und wartet mit zahlreichen guten Restaurants auf. Und in Canggu ist noch alles eine Nummer kleiner und ruhiger.

TOP TIPP

Entlang der gesamten Agglomeration Kuta zieht das Meer mit meterhohen Wellen **Surfer** aus aller Welt an. Beim Baden sollte man wegen gefährlicher Strömungen aber vorsichtig sein, nur bewachte Strände wählen und die farbigen Hinweisflaggen der Wasserwacht beachten: Grün – Schwimmen erlaubt, Gelb – auf eigenes Risiko möglich, Rot – Gefahr! Südlich des Kuta Art Market (s. u.) werden Strand und Surf etwas ruhiger.

Die Restaurants in den Touristenzentren des Südens lassen keine Wünsche offen

Tagsüber zum Surfen, abends in die Disco – ›Kuta Cowboys‹ haben Spaß an der Freude

Einkaufen wird in Kuta groß geschrieben. Vor allem die parallel zum Strand verlaufende Hauptverkehrsstraße die je nach Ortsteil **Jalan Raya Kuta**, **Jalan Raya Legian** oder **Jalan Raya Seminyak** heißt, ist ein wahres Shopping-Paradies für Schmuck, Kleidung, Kunst, Nippes …

TOP TIPP

Der zentrale Platz in Kutas Süden ist der zweireihige Freilicht-Kunstmarkt **Pasar Seni Desa Adat Kuta** (Jl. Bakung Sari, tgl. 8– 20 Uhr), kurz *Kuta Art Market* genannt, zwischen Strand und Dorftempel. Er bietet wie das benachbarte Nobelkaufhaus Matahari alles, was das Touristenherz begehrt.

Einige hundert Meter südlich liegt der **Waterbom Park** (Jl. Kartika Plaza, Tel. 03 61/75 56 76, www.waterbom-bali.com, tgl. 9–18 Uhr). Nicht nur Kinder haben Spaß in dem großen Schwimm- und Freizeitpark mit den gigantischen Wasserrutschen.

i Praktische Hinweise

Information

Badung Tourist Office, Jl. Bakung Sari 2 (nahe Kuta Art Market), Kuta, Tel. 03 61/ 75 61 76. Außenstelle neben Rettungsschwimmer-Station am Strand, Jl. Pantai Kuta, Kuta, Tel. 03 61/75 56 60

Nachtleben

Hard Rock Café, Jl. Pantai Kuta, Banjar Pande Mas, Kuta, Tel. 03 61/75 56 61, www.hardrock.com/bali. Klassiker, komplett mit T-Shirt; tgl. ab 22.30 Uhr Live-Bands.

New Bounty Ship, Jl. Legian (sdl. der Jl. Poppies 2), Kuta, Tel. 03 61/75 40 40. Wie ein Schiff gebaut; tagsüber Restaurant, nachts angesagter Club. 24-h-Betrieb.

Sky Garden, Jl. Raya Legian 61, Legian, www.61legian.com. Viel besuchter Club in einem Entertainment-Komlex. Party auf drei Ebenen, oben kühle und coole Rooftop Garden Lounge. Tgl. ab 18 Uhr.

Hotels

*******Ramada Resort Bintang Bali**, Jl. Dewi Sartika, Tuban, Tel. 03 61/75 32 92, www.bintang-bali-hotel. com. Hochkarätiges Hotel am Übergang von Tuban/Kuta. Swimmingpool mit integrierter Bühne; aufgeschütteter eigener Sandstrand.

*******Royal Seminyak**, Jl. Abimanyu, Legian, Tel. 03 61/73 07 30, www.royalseminyak.com. Überschaubares Sofitel-Luxushotel am ruhigeren nördlichen Strand von Legian, inmitten 4,5 ha Garten. Im Haus Thermalbad Namaya Spa.

******Patra Jasa Bali Resort & Villas**, Jl. Ir. H. Juanda, Tuban, Tel. 03 61/93 51 61, www.thepatrabali.com. Freundliches Luxushotel direkt am weißen Strand sowie mit schönem Garten. Flughafennähe sorgt für günstige Preise. Kids Club.

****Legian Beach, Jl. Melasti, Legian, Tel. 03 61/75 17 11, www.legianbeachbali.com. Angenehmes Komforthotel mit Gartenbungalows am Strand. Freizeitangebote wie balinesischer Tanz und Fruchtschnitzen.

***Legian Paradiso, Jl. Legian 118, Kuta/Legian, Tel. 03 61/75 21 67, www.legianparadisohotel.com. Eine der kleineren Anlagen, angenehm ruhig, trotz der Nähe zur geschäftigen Hauptstraße.

***Adhi Dharma Hotel & Cottages, Jl. Raya Legian bzw. Jl. Benesari, Legian, Tel. 03 61/75 42 80 (Hotel), Tel. 03 61/75 15 27 (Cottages), www.adidharmahotel.com. Nette Oase der Ruhe zwischen Strand und Hauptstraße.

❀❀ **Dewa Bharata Kuta Bungalows**, Jl. Legian, Kuta, Tel. 03 61/75 17 64, www.dewabharatahotels.com. Hübsches, günstiges kleines Stadthotel, etwas zurückgesetzt vom Strand. Die Zimmer liegen um einen engen, aber hübschen Garten.

Restaurants

Antique, Jl. Dhyana Pura (Abimanyu Arcade 7), Seminyak, Tel. 03 61/73 09 07, www.antiquebali.com. Kleines, feines Abendrestaurant mit asiatischer Küche (Mo Ruhetag).

Gateway of India, Jl. Pantai Kuta 11 B (Bemo Corner), Kuta, Tel. 03 61/75 44 63, und Jl. Abimanyu 10, Seminyak, Tel. 03 61/73 29 40. Vorzügliches indisches Essen.

Kopi Pot, Jl. Legian, Kuta/Legian, Tel. 03 61/75 26 14, www.poppiesbali.com. Im Terrassengarten schmecken die europäischen Gerichte und ofenfrischen Nachspeisen besonders gut.

Made's Warung, Jl. Pantai, Kuta, Tel. 03 61/75 52 97, www.madeswarung.com. Nicht günstig, aber bewährt gut. Sehr beliebt bei Expatriates und Touristen.

Mama's, Jl. Raya Legian (La Walon Shopping Centre), Legian, Tel. 03 61/76 11 51, www.bali-mamas.com. Wurst- und Fleisch-Spezialitäten vom deutschen Metzgermeister, aber auch mediterrane und indonesische Hausmannskost.

Poppies, Jl. Poppies 1 (Poppies Lane), Kuta, Tel. 03 61/75 10 59, www.poppiesbali.com. Eines der vor Ort bekanntesten Restaurants; indonesische und westliche Speisen, v. a. Fisch und Meeresfrüchte.

Zula, Jl. Dhyana Pura 5, Seminyak, Tel. 03 61/73 27 23, www.downtoearthbali.com. Vegetarische Köstlichkeiten, orientiert an der Küche des Mittleren Ostens.

2 Jimbaran

Friedlicher Sandstrand nur 5 km südlich des geschäftigen Kuta.

Ein langer, heller **feinsandiger Strand** säumt die weit geschwungene Bucht südlich des Ngurah Rai-Flughafens. Auf dem Meer kreuzen häufig malerisch die Fischerboote des Dorfes Jimbaran. Hier geht alles etwas langsamer und ruhiger zu als etwa in Kuta oder Legian. Unter den hochgewachsenen Palmen laden gediegene Komfort- und Luxushotels zu Wellness und Erholung ein, dazwischen sorgen zahlreiche Geschäfte und Restaurants für Abwechslung.

Aber am 1. Oktober 2005 explodierte in dieser beschaulichen Urlaubsruhe eine Bombe, 22 Menschen starben dabei. Das schreckliche Ereignis schockierte Einheimische wie Besucher. Doch die Touristen blieben sowohl der Insel Bali als auch Jimbaran treu.

So sind während der Saison die Tische der langen Reihe von **Strandrestaurants** und -warungs zwischen dem *Kedungang Fischmarkt* und *Nachtbasar* im Norden und dem Four Seasons Resort im Süden stets gut besetzt. Aus ganz Bali kommen Gäste hierher, um bei einem der grandiosen Sonnenuntergänge Fisch, Hummer und anderes Seafood zu genießen. Hier sucht sich der Gast sein Essen selbst aus, anschließend werden die frischen Köstlichkeiten des Meeres über Kokosnussschalenglut auf dem Grill zubereitet.

Überdies ist der Strand von Jimbaran für Balinesen ein magischer Ort für Opfer- und Reinigungszeremonien. Oft sieht man am Ufer farbenprächtige **Prozessionen** (Melis bzw. Melasti) zu Ehren von Baruna, dem Gott des Meeres.

Westlich von Jimbaran beginnen mit *Balangan* die Strände der Halbinsel Bukit Badung, die bei **Surfern** einen guten Klang haben.

i Praktische Hinweise

Hotel

****InterContinental Resort Bali, Jl. Uluwatu 45, Jimbaran, Tel. 03 61/70 18 88, bali.intercontinental.com. Stilvolles weitläufiges Luxushotel am Strand im Stil eines balinesischen Fürstenpalastes. Wunderbarer Pool, anbei Thermalbad.

***Keraton Jimbaran Resort & Spa, Jl. Mrajapati, Jimbaran, Tel. 03 61/70 19 61, www.keratonjimbaranresort.com.

Malerisch thront er hoch über dem Meer: der Tempel von Uluwatu im Abendlicht

99 Cottages und Suiten in einem schönen Garten am Strand nahe dem Dorf.

❀❀ **Balangan Sea View Bungalow**, Balangan Beach 2, Cengiling, Jimbaran, Tel. 03 61/780 04 99, www.balangansea viewbungalow.com. Kleines Surferhotel über felsengerahmtem Sandstrand.

Restaurants

Ayu Wandira, nahe dem Fischmarkt am nördlichen Strandende, Jimbaran, Tel. 03 61/70 19 50. *Seafood Platter* oder *Seafood Lover's Delight* stehen ebenso auf der Speisekarte wie *Fritto Misto di Mare*, denn der japanische Besitzer kocht auch italienisch. Reservierung empfohlen.

Kakul Bar & Cafe, Jln. Bukit Permai 5C (im Süden des Strands), Jimbaran, Tel. 03 61/ 72 08 14. Spezialitäten des indonesischen Restaurants sind Snapper, King Prawns und was des Meeresfrüchte-Liebhabers Herz begehrt. Fr live Latin Music, So Jazz.

3 Pura Luhur Uluwatu

Auf den Klippen grandioser Meerestempel, unten tolle Surfstrände.

Gut geteert führt eine viel befahrene Hauptstraße durch die trockene Halbinsel Bukit Badung. Beidseits sieht man meist Maniok- und Tapiokapflanzungen, zunehmend auch bebautes Gebiet. Daneben wird stellenweise Viehzucht betrieben und Kalkstein abgebaut. Denn geologisch handelt es sich bei Bukit Badung um ein im Zentrum bis zu 200 m hoch aufragendes Kalksteinplateau.

Im äußersten Südwesten der kargen Halbinsel liegt hoch oben auf felsiger Küste der grandiose **Uluwatu-Tempel**. Er ist Dewi Danu geweiht, der Schutzgöttin des Meeres, und gehört zu den neun wichtigen Staatstempeln Balis [s. S. 24]. Der Sage nach handelt es sich um das zu Stein gewordene Schiff der Göttin. Anderen Erklärungen zufolge hatte der hl. Nirartha [s. S. 12] hier im Jahr 1478 eine Erleuchtung und baute daraufhin den Tempel. Tatsächlich reichen dessen Ursprünge wohl ins 11. Jh. zurück.

Wie bedeutend Uluwatu ist, lässt sich an der beachtlichen Größe und Geschäftigkeit des Parkplatzes vor dem Tempel ermessen. Auf dem Tempelgelände führt der Fußweg erst ca. 500 m zwischen sanften Hügeln abwärts bis zum zentralen Platz zu Füßen des Tempels, Versammlungsort der hiesigen heiligen Affen. Über eine steinerne Treppe geht es dann wieder 85 Stufen steil nach oben. Etwa auf halbem Weg weist ein Schild zu einem Aussichtsbalkon. Doch der eigentliche Tempel thront ganz oben, auf der äußersten Klippenspitze, hoch über dem

Mittler zwischen den Welten

Seit Menschengedenken gelten den Balinesen das Meer als Heimat der Dämonen und die Gipfel der Berge als Wohnstatt der Götter. Das Land dazwischen ist den Sterblichen überlassen. So wird es auch bleiben, solange sich die Menschen um Respekt, Ausgleich und Harmonie bemühen: innerhalb ihrer eigenen Gemeinschaft, viel mehr aber noch gegenüber den unsichtbaren Mächten, die das Leben bestimmen. Aus dieser Anschauung erklären sich die unglaublich vielen **Tempel** und **Schreine** auf Bali. Stets gilt es, Götter und Ahnen zu ehren, Dämonen zu beschwichtigen, für Gutes zu danken und Übles im Zaum zu halten.

Manche der balinesischen Tempel sind gemäß der Hindu-Dharma-Religion für das Gleichgewicht von Insel und Welt so wichtig, dass sie der Allgemeinheit gehören. Sie werden oft auch **Staatstempel** genannt. Die indonesische Regierung garantiert Religionsfreiheit, wichtige religiöse Feiertage gelten für alle Indonesier/innen ungeachtet ihres Glaubens und große Heiligtümer sind ›Staatsbesitz‹. Auf Bali versteht man darunter die neun **Kahyangan jagat** oder Himmelsrichtungstempel. Der wichtigste ist der **Muttertempel Besakih** in der Mitte, die restlichen werden den vier Haupt- und den vier Zwischenhimmelsrichtungen (SO, SW, NO, NW) zugeordnet. Es sind dies: Pura Jagatnata in Denpasar für den Süden, Pura Kehen bei Bangli für den Osten, bei Lovina der

Schrein für Trimurti, die göttlichen Dreieinigkeit von Brahma, Wishnu und Shiva

Pura Pulaki Agung für den Norden und der Pura Luhur Batukau für den Westen. Die restlichen vier sind Pura Luhur Uluwatu, Pura Taman Ayun, Pura Luhur Rambut Siwi sowie Pura Goa Lawah. Von großer Bedeutung sind schließlich sind noch weitere sechs Tempel, die **Sad kahyangan** oder ›Heiligtümer der Welt‹.

Neben all den privaten Tempeln, Geisterschreinen und als heilig geltenden Naturphänomenen verfügt jedes **Dorf** und jeder Kampung (Stadtteil) über mindestens drei Tempel (Pura), die die tief empfundene religiöse Einbettung der Menschen widerspiegeln.

Der Brahma geweihte Dorftempel **Pura Desa** oder **Pura Bale Agung** befindet sich in der Regel im Ortszentrum. In Richtung zu den Bergen bzw. zum heiligen Gunung Agung hin (Kaja) ist der **Pura**

Meer. Die Vorhöfe sind frei zugänglich, den inneren Bereich mit den Meruh dürfen Andersgläubige nicht betreten. Doch der Aufstieg lohnt sich schon allein wegen der fantastischen Aussicht auf die Klippen im Süden und Norden. Tief unten brandet das Meer, und ein beständiger Wind bringt angenehme Erfrischung.

Angesichts des ungestümen Ozeans verwundert es nicht, dass in direkter Nachbarschaft zu Uluwatu hervorragende **Surfreviere** liegen. Im Süden ist es insbesondere der Strand von Nyang Nyang, nach Norden hin schließen sich Suluban, Padang Padang, Bingin, die Impossibles oder Labuan Said an. Surfen ist wegen der hohen Wellen allerdings nur erfahrenen Sportlern zu empfehlen. Vor **Suluban** werden jedes Frühjahr internationale Surfwettbewerbe ausgetragen.

Ein weiterer, sehr schöner Surfstrand im Norden von Bukit Badung ist **Dreamland**. Er gehört zum Bauprojekt *Pecatu Graha Indah*, das wegen fragwürdigem Landerwerb und Wasserbedarf sehr umstritten ist. Teil des hier entstandenen Resortareals ist der **New Kuta Green Park** (Jl. Raya Uluwatu, Pecatu, Tel. 0361/848 4777, www.newkutagreenpark.com, tgl. 9–18 Uhr) mit Wasserpark, Bird Park und Paint Ball. Auf den Klippen liegt der 18-Loch-Golfplatz des **New Kuta Golf** (Tel. 0361/848 1333, www.newkutagolf.com).

Nicht weit davon bietet im Zentrum der Halbinsel der Erlebnispark **Garuda Wisnu Kencana Culture Centre** (Jl. Raya

Puseh für Wishnu errichtet. Der **Pura Dalem** schließlich, der Unterwelt- oder Totentempel, befindet sich auf der dem Meer zugewandten Seite (Kelod) des Dorfes und repräsentiert die Sphäre Shivas. Alle drei Tempel bilden zusammen eine Einheit, die für **Trimurti** steht, den einen Gott in seinen drei Manifestationen als Brahma, der Schöpfer (rot, Feuer), Wishnu, der Erhalter (schwarz, Wasser), und Shiva, der Zerstörer (gelb oder weiß, Wind).

Auch die drei **Höfe** jedes Tempels sind symbolhaft zu verstehen. Der äußere, **Jaba**, mit der Küche gehört noch zur Welt der Menschen, der mittlere, **Jaba jero**, dient der Vermittlung zwischen Menschen und spiritueller Welt, der innere, **Jero dalem**, ist der Ort Gottes.

Die allgegenwärtigen **Tore** erfüllen ebenfalls mehr als bloße Schmuckfunktionen. Das Gespaltene Tor, **Candi Bentar**, steht für den Dualismus allen Seins bzw. nach anderer Leseart für das Männliche und Weibliche. Ein oben geschlossenes Tor, **Candi Kuning**, hingegen verkörpert die Einheit und Allgegenwart Gottes. Die zahlreichen Stufen und die hohen Schwellen an jedem Eingang verwehren bösen Geistern und Dämonen den Zutritt.

Die vielen **Fest- und Feiertage** auszurichten ist ehrenvolle Aufgabe der gesamten Dorfgemeinschaft. Vor allem **Odalan**, eine Art Patronatsfeier jedes Tempels, wird auch im kleinsten Weiler mit Prozessionen, Gamelanmusik und Opfergaben-Türmen begangen.

Uluwatu, Tel. 03 61/70 36 03, www.gwk-culturalpark.com, tgl. 8–22 Uhr) Tanzvorführungen, etwa Kecak im Amphitheater am Lotosteich, Fahrgeschäfte, Einkaufsmöglichkeiten und Restaurants. Wohl noch einige Zeit unvollendet bleibt die auf 150 m Höhe angelegte Steinstatue des Gottes Wishnu. Bislang ziert die Plaza Wisnu erst eine armlose Büste.

i Praktische Hinweise

Hotels

******Anantara Resort & Spa**, Jl. Pemutih, Labuan Said, Tel. 03 61/895 75 55, www.bali-uluwatu.anantara.com. Chice Suiten und Bungalows über einer der Impossible-Buchten. Eröffnung war 2012.

*****Blue Point Bay Villas**, Jl. Labuan Said, Suluban, Uluwatu, Tel. 03 61/76 98 88, www.bluepointbayvillas.com. Zimmer und Villen mit teils schöner Aussicht. Surfkurse am Padang Padang-Strand.

❀❀ **Udayana Kingfisher Eco Lodge**, Kampus Bukit (Universitätscampus), Jimbaran Heights, Tel. 03 61/747 42 05, www.ecolodgesindonesia.com. Einfache, ruhige Unterkunft in naturnahem Grünland.

Restaurants

Buddha Soul, Labuan Said 99x, Padang, Pesatu, Bukit Badung. Besonders gelobt wird hier der Fisch. Australische Leitung.

Single Fin, Blue Point, Uluwatu, Bukit Badung, Tel. 878/62 03 98 66 (mobil). Café und Restaurant mit großartiger Aussicht beim Sundowner auf den Tempel.

Yeye's, Jl. Labuan Said, Suluban, Bukit Badung. Beliebter Warung mit gutem indonesischem und westlichem Essen.

4 Nusa Dua

Hotelstadt der Luxusklasse in der sonnigsten Region Balis.

Die Halbinsel Bukit Badung ist das regenärmste und wärmste Gebiet Balis. Außerdem ist sie gesäumt von feinen, fast weißen **Sandstränden**. Gute Gründe, in den 1970er-Jahren an der hiesigen Ostküste das Luxusresort Nusa Dua anzusiedeln. Es sollte den Tourismus auf Bali kanalisieren und konzentrieren. Das gelang nur bedingt, wiewohl das mauerumgebene Nusa Dua mit seinen hoteleigenen Stränden sehr abgeschottet ist.

In Nusa Dua weist das Gespaltene Tor den Weg zu mehreren Hotels der Luxusklasse

Drei steinerne Gespaltene Tore führen auf das Gelände. In großzügigen Gärten liegen entlang des Strandes neun große Hotels, die durchweg mit fünf Sterne und ausgedehnten Pool-Landschaften beeindrucken. Im Meer kann man hier bei Flut baden, doch bei Ebbe zieht sich das Wasser bis fast an das uferbegleitende **Korallenriff** zurück.

Wie ein loser Ring umgeben die Hotels das Shopping Areal *The Bali Collection* (tgl. 9–23 Uhr) mit Restaurants und Art Centre. Zwischen Einkaufsarkaden und Hotels verkehrt in Dauerschleife ein kostenloser Shuttle-Service. Man kann ihn auch zu einer kleinen Sightseeingtour über das Gelände nutzen.

Am südlichen Ende von Nusa Dua wird der 18-Loch-Golfplatz (bislang Bali Golf & Country Club, www.baligolfandcountry club.com) umfassend umgestaltet. Noch ist ungewiss, wann er als Teil des *Bali National Golf Resort* wiedereröffnet.

Im Osten, zwischen Meliá Bali und Grand Hyatt, ragen zwei kleine Halbinseln ins Meer. Ihre vulkanischen Klippen sind von bizarrer Schönheit, vor allem wenn die anbrandende Flut die Gischt bis zu den Beobachtern hochspritzen lässt.

i Praktische Hinweise

Hotels

Alle Hotels von Nusa Dua sind 5-Sterne-Häuser nach internationalem Standard.

*******Meliá Bali**, Kawasan Wisata BTDC Lot 1, Nusa Dua, Tel. 03 61/77 15 10, www.meliabali.com. Hochkarätiges, mehrfach modernisiertes Luxushotel in großzügigem Park am Strand. Umfangreiches Sport- und Freizeitangebot.

TOP TIPP *******The Laguna Resort & Spa**, Kawasan Wisata BTDC Lot 2, Nusa Dua, Tel. 03 61/ 77 13 27, www.starwoodhotels.com. Strandresort

Reif für die Insel? In den Hotels von Nusa Dua ist man auf Urlaubsträume eingestellt

mit sieben Badelagunen und Pools im tropischen Garten. Vielseitige Sportangebote.

Restaurants

Viele Restaurants in und um Nusa Dua sowie im Dorf Bualu im Nordwesten vor den Toren des Hotelgeländes bieten einen kostenlosen Shuttle-Service an.

El Pirata, Jl. Pantai Mengiat, Bualu, Tel. 03 61/77 66 44. Pizza und Pasta, Steaks und Seafood. Do und Sa abend Vorführungen balinesischer Tänze.

Matsuri, The Bali Collection, A11 #3, Nusa Dua, Tel. 03 61/77 22 67. Spitzen-Sushi und andere japanische Köstlichkeiten.

Nyoman's Biergarten, Jl. Pantai Mengiat, Bualu, Tel. 03 61/77 57 46, www.ptsendok.com. German wurst, Chicken Snitzel und andere ›exotische‹ Küche.

Raja's, im Nusa Dua Beach Hotel, Nusa Dua, Tel. 03 61/77 12 10, www.nusaduahotel.com. Abendrestaurant mit asiatischer Küche, z. B. mariniertem koreanischem Bologi. Reservierung empfohlen. So und Di Ruhetage.

5 Tanjung Benoa

Weißer Sandstrand und ein Paradies für Paraglider.

Im Norden geht der Strand von Nusa Dua über in den der schmalen lang gezogenen Halbinsel Tanjung Benoa. Sie wird über ihre gesamte Länge von einer einzigen Straße, der Jalan Pratama, erschlossen. Auf ihrer einen Seite, nach Westen hin, blitzt zwischen der Bebauung schon

Urlaubsfreuden in Balis Süden: helle feine Sandstrände und ein riffgeschütztes Meer

mal ein Reisfeld hervor. Auf der anderen Seite trennt sie von Strand und Meer meist lediglich ein Resort mit Garten.

Der feine Sand leuchtet am schmalen **Strand** von Tanjung Benoa ebenso weiß wie in Nusa Dua. Doch die Hotels hier sind vielfältiger hinsichtlich Komfort und Preis. **Wassersport** wird auch in Tanjung Benoa groß geschrieben, zumal Schwimmen im Meer ebenfalls nur eingeschränkt möglich ist. Angeboten werden Tauch- und Schnorchelausflüge, Jet Skiing, sowie vielfach Paragliding und -sailing. Ist man erst einmal am lenkbaren Fallschirm in den Lüften, kann man von oben bis Denpasar sehen, im Nordosten liegen einem die 2 km langen Anlagen des wichtigen Fracht- und Fährhafens **Benoa Harbour** zu Füßen, unweit davon liegt die Schildkröteninsel Salangan [Nr. 7] im oft dunstig-blauen Indischen Ozean.

i Praktische Hinweise

Hotels

*******Grand Mirage Bali Resort & Thalasso**, Jl. Pratama 74, Tanjung Benoa, Tel. 03 61/77 18 88, www.grandmirage.com, www.thalassobali.com. Großes Sport- und Fitnesshotel am Strand mit umfangreichem Wassersportangebot. Wasserkuren im Erholungsbad Thalasso Bali.

*****Bali Khama Resort**, Jl. Pratama 100 X, Tanjung Benoa, Tel. 03 61/77 49 12, www.thebalikhama.com. Angenehme Suiten und Pool Villas. Zuvorkommender Service. Gutes Preis-Leistungs-Verhältnis.

Restaurants

Bumbu Bali 1, Jl. Pratama (ca. auf Höhe Oasis Beach Hotel), Tanjung Benoa, Tel. 03 61/77 45 02, www.balifoods.com. Der Schweizer Chefkoch Heinz von Holzen serviert feine balinesische Küche. Kochkurse sind möglich und beliebt.

Kecak Bali, Jl. Pratama (gegenüber Grand Mirage Resort), Tanjung Benoa, Tel. 03 61/77 55 33. Köstliche indonesische und westliche Speisen, etwa Rijstafel oder Seafood Saté.

6 Sanur

Gelungene Mischung aus 6 km langem weißem Strand, touristischem Angebot und dörflichem Ambiente.

Sanur ist ideal, wenn man seinen Bali-Urlaub zwar am Strand verbringen möchte, aber nicht im mondänen Nusa Dua oder im umtriebigen Kuta.

Der **Sandstrand** von Sanur ist schön, wenn auch vergleichsweise schmal. Dasselbe Riff wie vor Nusa Dua und Tanjung Benoa verläuft auch rund 150 m vor der Küste von Sanur. Baden ist im Meer darum lediglich bei Flut möglich. Landseitig wird der Strand auf seiner gesamten Länge von 6 km von einer **Strandpromenade** begleitet. Sie besteht aus rotem Ziegelpflaster, ist nur rund 1 m breit und verläuft meist lauschig unter Bäumen. In ihrem Schatten laden häufig kleine Gartencafés oder die Bars der Strandhotels zu einer Erfrischungspause ein.

In den 1930er-Jahren kamen die ersten Touristen nach Sanur. Sie fanden ein von der Priesterkaste bestimmtes Fischerdorf, das sich jedoch schnell auf die neuen Zeiten einstellte. 1965/66 errichteten Japaner als Kriegsentschädigung am nördlichen Strandende das **Bali Beach Hotel**. Es geriet zu einem etwas klotzig wirkenden zehnstöckigen Betonquader. Daraufhin bestimmte die Regierung, dass auf Bali kein Bauwerk höher als eine Kokospalme sein darf. Bei einer Baumhö-

Kleiner Knigge für Touristen

Höflicher Umgang miteinander wird in ganz Indonesien erwartet, besonders ältere Menschen werden sehr zuvorkommend behandelt. Auch auf Bali werden laute, heftige oder aggressive Menschen nicht respektiert. Sie verlieren in den Augen der Balinesen ihr Gesicht. Bei Unstimmigkeiten ist es besser, einen **Kompromiss** zu schließen oder lächelnd auf seinen Wünschen zu bestehen, als zu schreien.

Hinduistische **Tempel** besucht man sauber und ordentlich gekleidet, d. h. lange Hose oder Sarung und, wenn möglich, langärmliges Hemd. Keinesfalls akzeptabel sind Bade- oder Strandbekleidung, Shorts sowie rücken- oder bauchfreie Shirts. Frauen ist der Zugang während ihrer Menstruation sowie bis zu 42 Tage nach einer Geburt untersagt.

Vor dem Betreten eines Pura sollte man als Zeichen der Ehrerbietung eine **Schärpe** um die Hüften anlegen. Gäste können meist eine vor den Tempeltoren auleihen. Notfalls erfüllt den Zweck auch ein Sarung, den man wie einen Gürtel trägt. Will man im eigentlichen ›Allerheiligsten‹ beten, zieht man vorher die Schuhe aus. (Dasselbe gilt übrigens für das Betreten einer Moschee. Aber auf Lombok sind Nicht-Muslime sowieso nicht gern in den Moscheen gesehen.)

Es gilt als sehr unhöflich, vor betenden Menschen vorbeizugehen. Auch sollte man nicht auf die **Opfergaben** treten, selbst wenn sie auf der Straße liegen. Dass sie oft von Hunden gefressen werden, ist etwas anderes – schließlich leben in den Tieren oft böse Geister und Dämonen.

Vor Betreten eines **Wohnhauses** zieht man stets die Schuhe vor der Tür aus und lässt sie draußen stehen. Wenn man eingeladen ist, empfehlen sich Blumen oder Süßigkeiten als Gastgeschenk. Beim Essen oder Trinken sollte man erst nach ein- oder zweimaliger Aufforderung zugreifen. Und das möglichst mit der **rechten Hand**, wie überhaupt beim Geben und Nehmen. Die linke Hand gilt als unrein, da sie der Körperreinigung dient.

Vermeiden sollte man raumgreifendes **Gestikulieren** und Deuten mit ausgestrecktem Zeigefinger oder den Zehenspitzen. Besser wäre eine kurze Bewegung des Kinns. Zudem schickt es sich nicht, unbekannte Menschen zu berühren. Also den netten Fahrer nicht einfach unterhaken und auch Kindern nicht über den Kopf streichen.

Apropos **Kinder**: Manche betteln Fremde an oder verlangen Geld für ein Foto, was ihre Eltern meist missbilligen. Eine angemessene Antwort ist ein bestimmtes ›Tidak‹, ›Nein‹, oder ›Kurang adat‹, ›Das gehört sich nicht‹.

Generell sollte man vorher fragen, wenn man Menschen **fotografieren** will. Im kameraerprobten Bali wird man meist freundlich und ohne Umschweife eingeladen, ein Erinnerungsfoto zu schießen. Eine Ausnahme sind jedoch badende Menschen, die man nicht ablichten sollte.

Auf **Lombok** sagen die Leute dagegen oft nein oder wenden der Kamera ablehnend den Rücken zu. Das ist nicht unfreundlich gemeint, sie wollen nur nicht in ihrer Arbeitskleidung, verschmutzt oder verschwitzt abgelichtet werden. Bei einem Fest dagegen oder wenn sich die Menschen eigens für einen Fototermin herausgeputzt haben, stehen sie gerne Modell.

he von ca. 15 m lässt dies ausreichend architektonsichen Spielraum und bewahrt doch das Bild der grünen Insel.

Heute ist der Strand von Sanur durchgehend gesäumt von größeren und kleineren Hotelanlagen. Doch der Zugang zu Meer und Strand blieb frei, so dass der Tourismus gewissermaßen ins Ortsgeschehen integriert hat. Auch wenn Sanur von der Größe her längst kein Dorf mehr ist, im Westen vielmehr bereits mit Denpasar verschmilzt.

Touristen schätzen das hier oft geradezu familiäre Ambiente. Außerdem eignet sich das vorgelagerte Korallenriff bestens, um erste Schritte im Tauchen, Schnorcheln oder Surfen zu unternehmen. Bei Flut ist das Wasser innerhalb des Riffs ruhig, keine gefährliche Strömung beeinträchtigt den Badegenuss, Wellenbrecher beruhigen die See zusätzlich. Hübsch ist es auch, wenn abends statt der bunten Fallschirme der Parasailer fantasievolle Papierdrachen am Himmel über dem Meer stehen.

Am Nordende des Strandes liegt in einem schattigen Garten das **Museum Le Mayeur** (Jl. Hang Tuah, Pantai Sanur, Tel. 03 61/28 62 01, So–Do 8–16, Fr 8–13 Uhr). Es ist das Haus der Legong-Tänzerin Ni Polok († 1985) und ihres Mannes, des belgischen Malers Jean Adrien Le Mayeur de Merprés (1880–1958), komplett mit Antiquitäten und Bildern von der Insel.

Nördlich von Sanur schließt sich der dunkelsandige Strandabschnitt **Padang Galak** an. Hier wurden traditionellerweise viele Meeres- und Reinigungszeremonien abgehalten. Die Prozessionen sind seltener geworden, dafür versuchen sich immer mehr Surfer an den hier deutlich höheren Wellen.

Nicht weit davon findet man nahe des verkehrsreichen By Pass Ngurah Rai im 80 ha großen **Kertalangu Cultural Village** ausgedehnte Reisfelder. Jogging- und Spazierpfade führen durch die unerwartet friedliche Idylle. Andererseits fehlen im dorfähnlich angelegten Zentrum der Anlage auch nicht ein Beispieltempel, mehrere Schaubetriebe für Kunsthandwerk, eine Showbühne sowie ein Freiluft-Restaurant.

i Praktische Hinweise

Hotels

*******Sanur Beach**, Jl. Danau Tamblingan, Sanur, Tel. 03 61/76 61 56, www.sanur-beach-hotel.com. Traditionsreiches Nobelhotel am südlichen Strandende in etwas kastenförmiger Architektur.

******Inna Grand Bali Beach Hotel**, Jl. Hang Tuah, Sanur, Tel. 03 61/28 85 11, www.innagrandbalibeach.com. Berühmtes zehnstöckiges Luxushotel am nördlichen Sanur-Strand, erweitert um eine Bungalowanlage im traditionellen Stil.

*****Puri Santrian**, Jl. Cemara 35 , Sanur, Tel. 03 61/28 80 09, www. santrian.com. Mittelgroßes, freundliches Hotel am südlichen

Freunde von Krimskrams, Nippes und Souvenirs haben in Sanur die Qual der Wahl

Auf dem Trockenen wirken die Jungkung-Fischerboote wie riesige bunte Insekten

Ende des Strandes. Im üppigen tropischen Garten werden Hochzeiten organisiert und Kochkurse gehalten.

❀❀❀ **Ari Putri**, Jl. Pantai Sanur, Banjar Semawang, Sanur, Tel. 03 61/28 91 88, www.ariputrihotel.com. Kleineres Hotel im Süden, an der strandabgewandten Seite der Straße. Geschwungenes Pagodendach und schöne Steinschnitzereien.

Restaurants

Café Batujimbar, Jl. Danau Tamblingan 152, Sanur, Tel. 03 61/28 73 74. Frische Backwaren und Vollwertkost nach europäischem Gusto, auch vegetarisch, sowie indonesische und europäische Gerichte.

Lumut, Jl. Danau Tamblingan 156, Sanur, Tel. 03 61/27 00 09. Gutes frisches Seafood. Bekannt für Lobster in allerlei leckeren Variationen. Ruhiges, von der Straße abgewandtes Café im 2. Stock.

TOP TIPP **Telaga Naga**, Jl. Danau Tamblingan 180 S (gehört zum Bali Hyatt gegenüber), Sanur, Tel. 03 61/28 12 34, www.bali.resort.hyatt.com. Abendrestaurant, spezialisiert auf südchinesische Sezuan- und Kanton-Küche, in asiatischem Architekturmix mit Bales am Lotos-Teich. Reservierung empfohlen.

7 Pulau Serangan

›Schildkröteninsel‹ zwischen Sanur und dem Hafen von Benoa.

Rund 1 km östlich des Hafens von Benoa liegt ›Turtle Island‹ im Meer. Ihren Namen erhielt die 73 ha große Insel nach den **Riesen-Meeresschildkröten**, die seit Urzeiten an den mangrovenumgebenen Sandstränden im Süden ihre Eier ablegen. Früher wurden die bedächtigen , als Delikatesse geschätzten Tiere dabei oft gefangen. Auch deswegen sind sie heute vom Aussterben bedroht und daher geschützt.

Trotzdem können Besucher im Rahmen von **Tagesausflügen** die Insel besuchen. Boote steuern oft direkt die Strände an, was hinsichtlich des Naturschutzes zumindest fraglich scheint.

Von Denpasar aus gelangt man aber auch auf dem Landweg über einen Damm in den Norden von Serangan. Hier befindet sich im Dorf Dukuh am Meeresufer der aus weißem Korallenstein erbaute Meerestempel **Pura Sakena**. Er ist Mittelpunkt des großen Schildkröten-Festes **Pesona Pulau Serangan**, zu dem alle 210 Tage unzählige Gläubige auf die

Insel strömen. Höhepunkt ist eine Wasserprozession mit Riesenpuppen und vor dem Tempel herrscht buntes Jahrmarktstreiben. Selbst dann sollte man aber keines der angebotenen Souvenirs aus Schildpatt kaufen, und sei es, weil sie nicht nach Europa eingeführt werden dürfen.

8 Denpasar

Geschäftige Inselhauptstadt auf geschichtsträchtigem Boden.

Der erste Eindruck von Denpasar ist oft wenig einladend. Es ist heiß und stickig in der Stadt, die Straßen sind eng und übervoll von Autos und Motorrollern – immerhin leben im Großraum rund 640 000 Menschen. Trotzdem sollte man sich die Zeit nehmen, die Inselmetropole mit ihren bunten Märkten und dem kulturellen Angebot zu erkunden. Immerhin wandelt man hier auf historischem Boden, denn das früher Badung genannte Denpasar war jahrhundertelang Mittelpunkt eines großen Fürstentums. Inselhauptstadt ist es jedoch erst seit 1946.

Ein guter Orientierungspunkt ist der zentrale **Tempat Puputan Badung** 1. An der Kreuzung nordwestlich des Platzes wacht markant die von I Gusti Nyoman Lempad geschaffene viergesichtige Götterstatue **Patung Catur Muka** des Bhatara Guru über den Straßenverkehr. In der Mitte des Tempat Puputan umgibt eine weite, gepflegte Grünfläche das **Tugu Peringatan Puputan**, ein Denkmal in Form einer stilisierten Lotosblüte. Darauf recken die Figuren eines Vaters und seiner beiden Kinder entschlossen Speer und Kris gen Himmel. Dies ist die Stelle, an der 1906 Raja Agung Made von Badung mit seinem Hofstaat Puputan beging, rituellen Selbstmord, um so der verhassten holländischen Fremdherrschaft zu entgehen [s. S. 14].

An der östlichen Seite des Platzes liegt an der Jl. Mayor Wisnu das völkerkundliche **Bali Museum** 2 (Tel. 0361/222680 So–Fr 8–15 Uhr). Die Anlage wurde 1910–25 errichtet, ihre vier großen Ausstellungsgebäude greifen Palast- und Tempelarchitektur mehrerer Regionen Balis auf. Im Vorhof bieten sich Führer an, deren Erläuterungen aufschlussreich sein können, denn leider sind nicht alle Exponate auch englisch beschriftet. Ausstellungsstücke aus der prähistorischen Zeit Balis werden präsentiert, ebenso Erläuterungen zu Weberei und Ikat sowie Masken, Kostüme, Waffen und Wayang-Puppen zu religiösen Zeremonien und rituellen Tänzen Das Museum ist klein, ein Rundgang dauert nicht lange, ist aber als Einführung in die balinesische Kultur sehr zu empfehlen.

TOP TIPP

Gleich daneben, an der Nordseite des Museums, liegt der **Pura Jagatnata** 3,

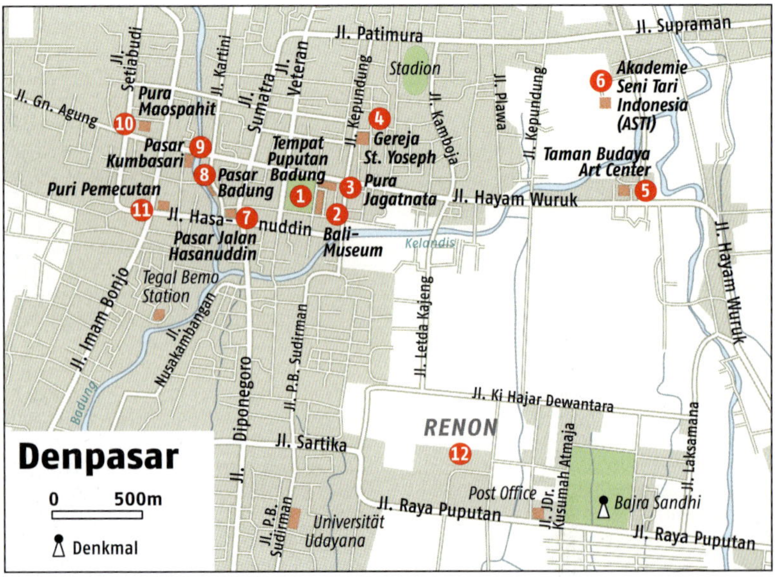

Hornissenschwärmen gleich sausen Mofas und Motorräder durch die Straßen von Denpasar

einer der neun Staatstempel Balis [s. S. 24]. Umgeben von einem Fischteich und einer reich verzierten inneren Mauer, überragt der fünfstufige, goldbelegte Götterthron (Padmasana) für Ida Batara Sanghyang Widhi Wasa [s. S. 35] das Gelände. Hier lässt sich der Gott nieder, wenn er anwesend ist, etwa bei den alle zwei Wochen stattfindenden Tempelfesten zu Voll- und Neumond. Dann bringen mit Einbruch der Dunkelheit zahlreiche festlich gekleidete Gläubige ihre Opfergaben. Respektvolle Besucher sind ebenfalls willkommen, auch zu den Puppenspielvorführungen (Wayang kulit), die ca. 21–23 Uhr stattfinden. Eine Gabe – Blumen oder Geld – ist angebracht und wird erwartet.

Nur wenig stadtauswärts, am städtischen Touristenbüro vorbei, liegt in der links abzweigenden Jl. Kepundung 2 die **Gereja St. Yoseph** ❹, die katholische St.-Joseph-Kirche. Der kleine rote Ziegelbau ist außen mit Steinreliefs verziert, die in balinesischem Stil christliche Themen darstellen. Auch das Innere des Kirchleins zeigt eine interessante Synthese aus christlichen Motiven und balinesischer Gestaltungsform. Den Altar flankieren leuchtend safranfarbene Baldachine. Und das Bild im angedeuteten rechten Seitenschiff zeigt eine Muttergottes mit balinesischen Gesichtszügen und Jesuskind auf der Mondsichel, im Hintergrund vermitteln übereinandergetürmte Pagodendächer den Eindruck einer ausgedehnten Tempellandschaft.

Weitere 1,5 km außerhalb des Stadtzentrums liegt im Osten das **Taman Bu-**

Erinnerung an den Kampf gegen die Kolonialmacht auf dem Tempat Puputan Badung

Impressionen balinesischer Architektur, Kunst und Kultur im Bali Museum in Denpasar

daya Art Center 5 (Jl.Nusa Indah, tgl. 8–15 Uhr), auch **Bali Art Center** genannt. In einem hübschen Garten sind unter hohen Bäumen üppig verzierte Gebäude verteilt. In diesen ist sehenswertes Kunsthandwerk wie Schnitzereien, Silberarbeiten und Batiken ausgestellt. Auf dem Gelände findet jährlich Mitte Juni – Mitte Juli das **Bali Arts Festival** (www.baliarts festi val.com) statt. Auf der Freilichtbühne werden dann fast jeden Tag klassische und zeitgenössische balinesische Tänze aufgeführt [s. S. 132 f.]. Ausstellungen zu Malerei und Kunsthandwerk ergänzen das Programm.

Zum Festival trägt die nördlich gelegene, zum nationalen *Indonesia Arts Institute (ISI)* gehörende **Akademie Seni Tari Indonesia (ASTI)** 6 ihren Teil bei. Die Akademie wurde 1967 zum Studium einheimischer Tänze und zur Ausbildung von Tänzerinnen und Tänzern gegründet. Oft kann man auf höfliche Anfrage einer Klasse beim Üben zuschauen.

TOP TIPP Wieder zurück im Stadtzentrum, lohnt der Markt **Pasar Jalan Hasanuddin** 7 einen Besuch. Es duftet manchmal unbeschreiblich, meist aber schwer und süß nach reifen Früchten oder aromatisch nach exotischen Gewürzen. Zum Fluss Tukad Badung hin liegt das Marktgebäude des **Pasar Badung** 8. Man sieht es dem dreistöckigen Betonklotz nicht an, dass er den ältesten und größten Markt Balis beherbergt. Im Erdgeschoss werden Fisch, Fleisch und lebende Kleintiere angeboten. In den beiden oberen Stockwerken kann man frische Früchte erstehen, dazu Textilien und

Balinesische Engel – die Kirche St. Yoseph präsentiert ein wunderschönes Stilgemisch

Gott, Mensch und Umwelt im Gleichgewicht

Der traditionelle Gruß auf Bali – ›**Om Swasti Astu**‹ – wünscht Sicherheit und Gesundheit. Er wird mit ›**Om Canti Canti**‹ beantwortet, ›Friede, Friede‹. Dazu hebt man die aneinandergelegten Handflächen und neigt den Kopf. Diese rituelle Geste besagt: Ich verehre das Göttliche in dir.

Etwa 90 % der Balinesen bekennen sich zur Hindu-Dharma-Religion, einer Mischung aus Hinduismus, Buddhismus und Ahnenverehrung. Ihre **Wedas**, heilige Schriften, lehren, wie Menschen zu Frieden gelangen können. Im täglichen Leben führt der Weg über moralische Verpflichtungen, die im **Susila** zusammengefasst sind. Es geht vereinfacht gesagt um positiv Denken, Reden und Handeln. Diese Grundhaltung ist auch für die menschlichen Beziehungen zu Gott, zu anderen Menschen und zur Umwelt wichtig, wie sie das **Tri Hita Karana** umschreibt.

Die Religion ist untrennbar mit dem Leben der Balinesen verbunden. Sie bestimmt den Tagesablauf ebenso wie das ganze Leben von der Geburt bis zum Tod. Ausdruck dieser Frömmigkeit sind die täglichen Opfergaben (*Banten* oder *Sesajen*) sowie alle Prozessionen und Zeremonien (*Upcara*).

Trotz den unzähligen Tempeln und Götternamen handelt es sich nicht um Vielgötterei. Hindu-Dharma-Anhänger glauben vielmehr an den einen Gott **Ida Sanghyang Widhi Wasa**. Dieser tritt den Menschen meist in drei Ausprägungen (**Trimurti**) gegenüber: als Brahma, der Schöpfer, Wishnu, der Erhalter,

Mit großer Hingabe und Ernsthaftigkeit leben Balinesen ihre Religion

und Shiva, der Zerstörer. Doch auch jede andere Lebensäußerung, jeder damit verbundene Gott, jede zugeordnete Göttin sind letztlich stets Manifestationen des einen Gottes.

Hindus glauben an die **Wiedergeburt**, und verstehen das irdische Leben als sich ständig erneuernde Aufgabe. Wer den Regeln entsprechend gelebt hat und es verdient, wird schließlich als Mensch – und nicht etwa als Tier – wiedergeboren. Damit steht die Möglichkeit offen, nach dem Tod dem Kreislauf der Reinkarnationen zu entrinnen und ins Nirwana zu gelangen.

Kunsthandwerk erstehen. Das Markttreiben beginnt erst spätabends, dauert dafür aber bis zum Morgengrauen. Um diese Zeit geht es dann auch auf dem gegenüberliegenden Flussufer lebhaft zu, wenn der ebenfalls stets gut besuchte Kunsthandwerksmarkt **Pasar Kumbasari** 9 seine Pforten öffnet.

Etwas weiter stadtauswärts nach Westen liegt in der Jalan Dr. Sutomo der **Pura Maospahit** 10. Seine Ursprünge reichen bis in die Majapahit-Zeit zurück, Teile des Tempels wurden wahrscheinlich im 16. Jh. aus Java eingeführt. Bewundernswert sind die alten, ungewöhnlich aus Tonziegeln bestehenden Torfiguren und -reliefs, etwa die des mythischen Riesenvogels Garuda mit einem Fläschchen Lebenswasser, *Amerta*, in den Fängen.

Gen Süden befindet sich an der Ecke Jalan Hasanuddin und Jalan Thamrin mit dem **Puri Pemecutan** 11 eine originalgetreue Rekonstruktion der 1906 zerstörten Palastanlage der Fürsten von Badung. Im Empfangspavillon sind einige der wenigen erhaltenen Stücke aus der Ära der Rajas von Badung ausgestellt.

Im Vorort **Renon** 12 im Südosten von Denpasar findet man, von großzügigen Gärten umgeben, verschiedene Konsu-

late und Regierungsämter, unter anderem das *Bali Tourism Board* (BTB). Das Zentrum des Viertels bildet der riesige Platz *Lapangan Pututan Margarana*. Auf ihm ragt in Form einer priesterlichen Glocke das *Bajra Sandhi* aufragt. Mit seinen 17 Ecken, 8 Eingängen und einer Höhe von 45 m erinnert das ›Gebäude des Kampfes des balinesischen Volkes‹ an den 17. August 1945, den Unabhängigkeitstag Indonesiens.

i Praktische Hinweise

Information

Bali Tourist Office, Jl. Surapati 7 (nahe Pura Jagatnata), Denpasar, Tel. 03 61/23 45 69, www.balidenpasartourism.com

Flughafen

Ngurah Rai International Airport (DPS), 15 km südwestlich von Denpasar bzw. 5 km südlich von Tuban/Kuta, Tel. 03 61/75 10 11, www.dps.ngurahrai-airport.co.id und www.ngurahrai.info. Zahlreiche Taxis vor dem kleinen Flughafengebäude fahren so gut wie jeden Ort der Insel an; es gelten Festpreise (in der Halle angeschrieben).

Hotels

*****Inna Bali Hotel**, Jl. Veteran 3, Denpasar, Tel. 03 61/22 56 81, www.innabali.com. Traditionsreiches Hotel von 1927, das erste auf Bali, mit heute 71 Zimmern, günstig in der Innenstadt gelegen. Hier stiegen u.a. Charlie Chaplin und Vicki Baum ab.

❀❀❀ **Adi Yasa Hotel**, Jl. Nakula 23 (nahe Puri Kaja), Denpasar, Tel. 03 61/22 26 79, www.adiyasahotelbali.com. Angenehm unaufgeregtes familiengeführtes Guesthouse nördlich der Innenstadt.

Restaurant

Rumah Makan Bety, Jl. Kartini (südlich des Pasar Jalan Hasanuddin), Denpasar. Einheimische Speisen, nach europäischem Geschmack zubereitet.

9 Pura Tanah Lot

TOP TIPP *Der zauberhafte Meerestempel ist auch ein Besuchermagnet.*

Tanah Lot heißt soviel wie ›Land im Meer‹. In diesem Fall handelt es sich um ein felsiges Stück Land, auf dem sich, begleitet von einigen windgebeugten Bäumen,

Der Meerestempel Pura Tanah Lot ist einer der spektakuläresten Bauwerke Balis

der Pura Tanah Lot befindet, der wohl meistfotografierte Tempel Balis. Schon seine Lage auf einer kleinen Felsenspitze rund 50 m vor der schroffen, hoch aufragenden Südwestküste macht ihn unvergleichlich. Hier werden Meeresgeister und -gottheiten verehrt. Angeblich begründete der javanische Hindupriester Nirartha den Tempel im 16. Jh. als Meditationsstätte [s. S. 12].

Eine Steintreppe führt von den Klippen zum Heiligtum hinab. Es ist nur bei Ebbe trockenen Fußes zu erreichen. Die Flut kommt schnell und schließt den einsamen Felsen völlig ein. Dann scheint der Tempel mit seinen spitzen *Meruh*-Dächern und den bunten, im Wind schlagenden *Umbul*-Fahnen vollends in eine andere, den Menschen unerreichbare Welt versetzt. Die Farben dieser Fahnen haben auf Bali ihre eigene Bedeutung: Weiß steht für Reinheit, Rot für Mut, Blau bedeutet Ruhm, Gelb Ewigkeit, Grün Frieden und Schwarz symbolisiert Macht.

Besonders beliebt bei Romantikern sind die **Sonnenuntergänge** von Tanah Lot. Denn im Versinken umgibt der glühende Ball die dunkle Silhouette des Tempels mit einer leuchtenden rot-goldenen Aura. Hunderte von Besuchern – einheimische wie ausländische – beobachten jeden Abend dieses herrliche Naturschauspiel. Zu den besten **Aussichtsplätzen** führen von der Zugangstreppe rechts und links bequeme Pfade in die Klippen. Alternativ kann man nach Durchschreiten der sehr profane Händlergasse hinter dem Kassenhäuschen zum Tempelareal am ersten Gespaltenen Tor erst einmal stehenbleiben. Hier bietet sich vom oberen Ende der Treppe ein herrlichen Panoramablick auf den etwas tiefer liegenden Tempel und die bunte Besuchermenge.

Unten angekommen, geht man bei Ebbe einfach über vom Wasser rund geschliffene Steine und feinen dunklen Sand die wenigen Meter zum Tempelfelsen. Es ist nur ein kurzer Aufstieg, aber oben verwehrt ein wackeliges Bambusgatter Nicht-Hindus den Eintritt ins eigentliche Heiligtum.

Ungewöhnlich ist die Süßwasserquelle **Mata Air Suci**, die in einer kleinen Höhle am Fuße des Tempelfelsens – gewissermaßen im Meer – entspringt. Sie gilt als heilig, und gegen eine kleine Gabe erlauben die Priester, dass man sich mit dem kühlen Nass das Gesicht benetzt oder einen Schluck davon trinkt.

In den Klippen des Festlandes leben in einer weiteren Höhle, der **Goa Ular Suci**, heiligen Schlangen. Gegen ein geringes Entgelt können sich Besucher in den niedrigen Höhlenspalt zwängen. Innen zeigt ein Wächter die großen Reptilien, indem er mit einer Taschenlampe in eine Nische leuchtet. Besonders Wagemutige berühren die Schlangen sogar. Sie sind giftig, aber es heißt, sie hätten ehrfurchtsvolle Besucher noch nie gebissen.

i Praktische Hinweise

Information

Info Tanah Lot, Tanah Lot Parkplatz, Tel. 03 61/88 03 61. Privater Infostand.

Hotel

Dewi Sinta Hotel, Spa & Restaurant, Taman Wisata Tanah Lot, Tel. 03 61/81 29 33, www.dewisinta.com. Schöne, komfortable Bungalow-Anlage mit 27 Zimmern und Villen, nur einen Steinwurf von den spektakulären Klippen entfernt. Kleiner Swimmingpool. Gutes Hotelrestaurant.

Zentralbali – das künstlerische Herz der Insel

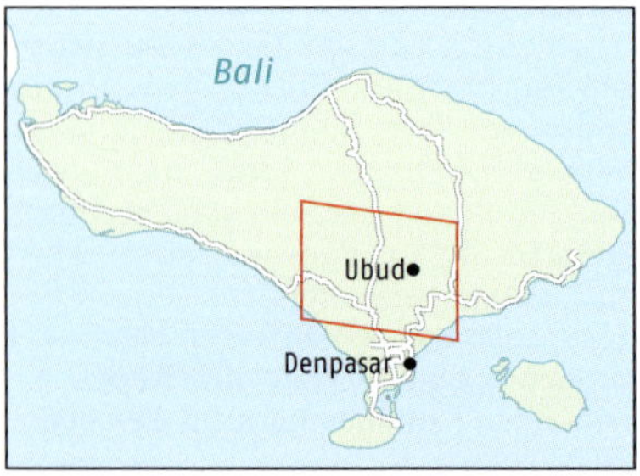

Unmittelbar nördlich von Denpasar beginnt das zunächst hügelige, dann bergige Kernland von Bali. In den Tälern reihen sich zahlreiche Dörfer aneinander, von denen einige geradezu berühmt sind für ihr Kunsthandwerk – **Celuk** etwa als Zentrum der Gold- und Silberverarbeitung oder **Mas** als Schnitzerdorf. Doch keine Ortschaft ist so bekannt wie **Ubud**, Dreh- und Angelpunkt des inselweiten Kunstgeschehens. In der rasch gewachsenen Kleinstadt bietet sich dem Gast Gelegenheit, Malerei, Bildhauerei und Holzschnitzkunst hautnah mitzuerleben. Außerdem bietet sich die Umgebung mit üppigen Wäldern und Reisterrassen als hervorragendes Wandergebiet an.

10 Tabanan

Idyllische Kleinstadt im Reisland.

Etwas verschlafen liegt Tabanan, die frühere Hauptstadt eines kleinen, untergeordneten Fürstentums, im Herzen des südbalinesischen Reisanbaugebiets. Bedeutung hat sie als landwirtschaftliches Zentrum der Region. Sehr stolz ist Tabanan auf I Ketut Marya, Künstlername I Mario, einen hier geborenen, in den 1920er- und 1930er-Jahren herausragenden Tänzer. Ihm ist die Stadthalle **Gedung Marya** gewidmet, in der unregelmäßig Tänze von I Mario aufgeführt werden.

Etwa 1,5 km östlich von Tabanan widmet sich im etwas höher gelegenen Vorort **Sanggulan** das interessante kleine **Museum Subak** (Jl. Raya Kediri, Tel. 03 61/81 03 15, Mo–Sa 8–16.30, Fr 8–13 Uhr) ganz dem hiesigen Hauptnahrungsmittel Reis. Subak heißt die dorfübergreifende Arbeitsgemeinschaft, die traditionell Aufgabenverteilung und Bewässerung im komplexen Nassreisbau übernimmt.

Ausflüge

Knapp 7 km nördlich ist im Dorf **Wanasari** in einem schönen Terrassengarten liebevoll der Schmetterlingspark **Taman Kupu Kupu** (Jl. Batukaru, Tel. 03 61/81 42 82, tgl. 8–17 Uhr) angelegt. Morgens sind all die prächtigen Vogelflügler, Ritterfalter und ihre Verwandten am lebhaftesten.

Rund 3 km weiter lädt in **Tunjuk** die Dorfinitiative **Taman Sri Buwana** (Tel. 03 61/742 59 29, www.balivillagelife.com, tgl. 9.30–14.30 Uhr) ein, balinesisches Alltagsleben mitzuerleben. Mit dem Wasserbüffelgespann auf dem Reisfeld, bei der Kokosnussernte oder in der kleinen Dorfschule – Besucher sind willkommen.

Westlich von Tabanan liegt auf halbem Weg zur Küste das Dorf **Krambitan**, in dem Nachfahren des letzten Rajas von Tabanan leben. Mit seinen historischen Gebäuden wirkt es wie aus einer anderen

Zeit. Leider nicht öffentlich zugänglich sind die beiden Palastanlagen **Puri Anyar** (17. Jh.) und **Puri Gede** (18. Jh.).

Surfer fahren gern in großem Bogen weiter bis zur Küste, wo nach rund 30 km **Lalang Linggah** und **Balian** einen guten Ruf als veritable Surfstrände genießen.

i Praktische Hinweise

Hotel

Gajah Mina Beach Resort, Suraberata, Lalang Linggah, Tel. 081/934/35 56 33, www.gajahminaresort.com. Sehr ruhige und sehr schöne Strand- und Gartenvillen an wenig besuchtem Sandstrand.

11 Pura Luhur Batukau

TOP TIPP *Bergheiligtum inmitten des tropischen Bergwaldes.*

Eindrucksvoll liegt der Pura Luhur Batukau an den Hängen des zweithöchsten Vulkans Balis, des 2276 m hohen Gunung Batukau. Am einfachsten erreicht man den Tempel von Süden aus. Unzählige Stufen führen zu dem in etwa 1000 m Höhe nördlich des Dorfes Wangaya Gede gelegenen Bergheiligtum. Der zentrale siebenstufige Meruh ist Maha Dewa geweiht, dem Schutzgott der Berge. Außerdem erfahren auch die drei Schreine für die Seen Bratan, Tamblingan und Buyan große Verehrung. Als heilig gelten die heißen Quellen neben dem Tempel. Der aus ihnen aufsteigende Dampf verstärkt noch den verwunschenen Eindruck, den das verwitterte Heiligtum inmitten der majestätisch-stillen, baumbestandenen Bergwelt macht.

Wer mit dem Auto unterwegs ist, sollte einen Abstecher nach Osten machen. Die vielfach gewundene Straße nach Bedugul erreicht nach ewa 5 km (Luftlinie 1,5 km) das 850 m hoch gelegene Bergdorf **Jatiluwih**. Der Name bedeutet ›wirklich wundervoll‹, und genauso ist der Blick über die verschachtelten, kunstvoll angelegten Reisterrassen in die südbalinesische Ebene hinein.

12 Mengwi

Staatstempel in einem Lotosteich.

Aus gutem Grund trägt der **Pura Taman Ayun**, der ›Tempel des wunderschönen Gartens‹, seinen Namen. Die gesamte Anlage ist von einem breiten Wassergraben umgeben, dem große Lotosblätter mit strahlend weiß-

Landschaftskunst – die sorgfältig angelegten Reisterrassen im Zentrum der Insel Bali

Das Leben der Balinesen ist untrennbar mit Riten und religiösem Kult verbunden

Kreislauf des Lebens

Einen Platz in der balinesischen Gesellschaft einzunehmen bedeutet, eingebettet zu sein in ein ausbalanciertes Gefüge von Familie, Dorf und Obrigkeit, aber auch von Menschen, Göttern und Dämonen.

Gemäß der Hindu-Dharma-Religion ist das ganze menschliche Leben eins mit einem sich stets wiederholenden Zirkel von Ritualen und Zeremonien. Sie kommen sowohl dem einzelnen als auch der Gemeinschaft zugute. Dieser Kreislauf beginnt schon vor der Geburt, wenn die werdende Mutter im dritten Schwangerschaftsmonat ein **Megedong-gedong** ausrichtet, um das werdende Kind in dieser Welt willkommen zu heißen und das Wohlwollen der Götter zu erbitten.

Drei Tage nach der Geburt findet im engeren Familienkreis das Dank- und Opferfest **Pengulapan** statt. Eine weitere kleine Feier, **Sorongan cenik**, wird abgehalten, wenn das Kind zwölf Tage alt ist, gefolgt von **Dapatan**, um das Alter von 42 Tagen zu feiern. Sehr wichtig ist die **Sorwan**-Zeremonie, die nach Ablauf von 105 Tagen im Leben eines Kindes ausgerichtet wird. Diese Zeitspanne entspricht nach dem balinesischen Kalender drei Monaten. Während der Feier werden in einem feierlichen Akt die Füße des oder der Kleinen zum ersten Mal auf die Erde gesetzt. Mit dieser Berührung ist das Kind nun endgültig ein Teil der menschlichen Gemeinschaft geworden. Auch der erste Geburtstag, gemäß balinesischer Rechnung nach 210 Tagen, wird mit dem aufwändig begangenen **Otonan** festlich gefeiert. Ab jetzt wird der kleine Mensch zu **Mejaya-jaya** angehalten, d.h. zu Gebeten am Hausschrein.

Am bekanntesten ist in der westlichen Welt wohl die **Zahnfeilzeremonie Metatah**, der sich junge Erwachsene zu Beginn der Pubertät unterziehen sollten, wenn es sich die Familie finanziell leisten kann. Eigentlich sollten die vier vorderen Schneide- und die beiden Eckzähne gerade geschliffen werden, aber heute feilt der Priester oft nur noch die Eckzähne symbolisch kurz an. Spitze Zähne werden auf Bali mit Dämonen und all ihren ungehemmten Lüsten und Trieben assoziiert. Beim Eintritt ins Erwachsenenalter wird den Jugendlichen durch das Zähnefeilen nahegelegt, Abstand zu ihren ›dämonischen‹ Seiten zu halten und sich statt dessen beherrscht, besonnen – also menschlich – zu benehmen.

Nun ist der Weg für eine **Heirat** geebnet, die mit der sehr wichtigen und heiligen **Wiwaha-samshara-Zeremonie** begangen wird. Sie soll unter anderem die Geburt von Kindern sicherstellen, ein erklärtes Ziel der Ehe. In Kindern werden die Vorfahren wiedergeboren und erhalten so die Möglichkeit, dem beständigen Kreislauf des Sterbens und Wiedergeborenwerdens letztlich doch noch zu entrinnen.

Dieser Glaube ist auch bestimmend für die letzte Zeremonie im Leben eines Menschen, die **Ngaben** genannte Kremation von Verstorbenen. Der Sarg mit dem Leichnam wird in einem Aufbau aus Bambus und Pappmaché feierlich durch die Straßen zum Verbrennungsplatz am Pura Dalem getragen. Familien, die es sich leisten können, gestalten diese Aufbauten in Form eines Wasserbüffels, **Lembu**, oder einer Tempelpyramide, **Wadah**. Geradezu spektakulär ist der Höhepunkt von Ngaben, wenn nach oft stundenlangen religiösen Riten und Ansprachen der Sarg samt Aufbau und vielerlei Opfergaben von den Flammen eines heiligen Feuers verzehrt wird. Nun ist die menschliche Seele bereit zur Wiedergeburt und damit für eine mögliche Erlösung.

Elegante Türme prägen die von einem Wassergraben umgebene Tempelanlage von Mengwi

gelben Blüten besonderen Reiz verleihen. Wie ein Ring legt sich darum ein ausgedehnter, gepflegter Park. Der Tempel entstand 1634 unter I Gusti Agung Anom, als Mengwi noch Hauptstadt eines eigenständigen Fürstentums war. Das war 1891 vorbei, als Tabanan und Badung das relativ kleine Gebiet von Mengwi unter sich aufteilten.

Geblieben ist der prächtige Pura Taman Ayun, ein wichtiger Ahnen- und Substitut-Tempel (d.h. er gilt als ›Ersatz‹ für den Muttertempel Besakih und für andere Schreine). Rechts vom breiten, gepflasterten Zugang liegt die offene Wächter-Halle Bale Wantilan, in der früher rituelle Hahnenkämpfe stattfanden. Linker Hand kann man hinter dem üppig mit Steinmetzarbeiten verzierten gespaltenen Eingangstor den Kulkul-Turm des Tempels besteigen. Er entspricht einem Glockenturm, denn Kulkul heißt die hier hängende hölzerne Signaltrommel. Von oben ist der Park ringsum ebenso gut zu überschauen wie der baumumstandene innere Tempelbezirk.

Wie wichtig der Pura Taman Ayun ist, zeigen die zehn Meruh, vier davon mit elf Stufen. Der innerste Hof des Tempels ist Gläubigen vorbehalten, aber die von einem Fußweg begleitete Umfassungsmauer ist nur etwa brusthoch. Ein Spaziergang erlaubt also einen guten Überblick über das in warmem Ziegelrot leuchtende Heiligtum.

TOP TIPP Schräg gegenüber dem Pura Taman Ayun liegt das kleine **Museum Manusa Yadnya** (Tel. 03 61/97 50 74, tgl. 8–14 Uhr). Es dokumentiert Übergangsriten, die im Leben jeder Balinesin und jedes Balinesen eine wichtige Rolle spielen. Ein Besuch gibt wertvolle Einblicke in die balinesische Kultur, Fotos und ausgewählte Exponate stellen Geburts-, Dreimonats-, Namensgebungs-, Pubertäts- und Zahnfeilzeremonien vor.

Marga

Von Mengwi aus führt eine gute Straße etwa 7 km nordwärts nach Marga. 1946 wurde hier der indonesische Befehlshaber I Gusti Ngurah Rai mit seiner kleinen Truppe im Kampf gegen die übermächtigen Japaner völlig aufgerieben. Die Balinesen verstehen dies als Puputan, als Akt der rituellen Selbstaufgabe. Daran erinnert in Marga ein Soldatenfriedhof mit mehr als 1300 Stupas aus schwarzem La-

vastein. In ihrer Mitte ragt das ziegelrote Nationaldenkmal **Taman Pujaan Bangsa Margarana** (tgl. 7–16.30 Uhr) empor. Ein kleines Museum erläutert die geschichtlichen Hintergründe des Kampfes.

13 Sangeh

Prächtiger Wald aus Muskatnussbäumen, Heimat heiliger Affen.

Groß ist **Bukit Sari** nicht, der Hain aus hoch gewachsenen, auf Bali seltenen Muskatnussbäumen in Sangeh. In seiner Mitte liegt der kleine Tempelkomplex **Pura Bukit Sari** aus dem 17. Jh. Er ist mit Steinmetzarbeiten und der Skulptur eines Garuda sehr schön gestaltet.

Doch hauptsächlich kommen die Besucher wegen der grauen **Langschwanzmakaken**, die hier zu Hunderten leben. Sie gelten als Nachfahren des mythischen Affenkönigs Hanoman und damit als heilig. Die Tiere sind es gewöhnt, gefüttert zu werden, und zeigen sich bei der Einforderung ihres Rechts wenig schüchtern. Nicht selten entreißen sie Touristen die mitgebrachten Tüten mit Nüssen (am Eingang zu kaufen). Auch glitzernde Gegenstände wie Brillen, Schmuck oder Kameras erwecken das Interesse der mitunter geradezu aggressiven Tiere. Es empfiehlt sich, stets auf seinen Rücken zu achten und im Zweifelsfall einem zornigen Affen alles zu geben, was er will. Mittlerweile haben sich einige junge Männer vor Ort darauf spezialisiert, den Affen ihren Raub wieder abzunehmen und den rechtmäßigen Eigentümern gegen ein kleines Entgelt zurückzugeben.

14 Batubulan

Berühmt für geschickte Steinmetzen und ausdrucksstarke Tänze.

Das mittlerweile fast mit Denpasar zusammengewachsene Dorf nordwestlich der Hauptstadt ist auf ganz Bali bekannt für seine kunstfertigen **Steinmetzen**. Sogar der Ortsname deutet darauf hin, denn Batubulan heißt übersetzt ›Steinmond‹. Auf beiden Seiten der Hauptstraße stehen fantasievolle Zeugnisse dieser Handwerkskunst: von kaum mehr als handspannenhohen geflügelten Garudafiguren bis hin zu überlebensgroßen keulenbewehrten Dämonenwächtern. Verarbeitet werden heller Sand-, grauer Tuff- oder dunkler Vulkanstein. Entsprechend reich ist der **Pura Puseh**, einige hundert Meter östlich der Hauptstraße, mit Steinschnitzereien versehen. In der nahen offenen Dorfhalle (Bale desa) von Batubulan finden sehr gute, mindestens eine Stunde dauernde **Tanzvorstellungen** statt, Barong etwa, oder Kecak.

Außerdem ist in Batubulan die Indonesische Schauspielschule (SMKI) und eine Kunstakademie (SESRI) angesiedelt. Die stimmungsvollen Schulgebäude in traditionellem Stil liegen hübsch neben Reisfeldern am Dorfrand.

Singapadu

Im nahen Schwesterdorf Singapadu, das viele berühmte Tänzer hervorgebracht hat, lohnt der **Rimba Reptile Park** (Tel. 03 61/29 93 44, tgl. 9–18 Uhr) einen Besuch. Er zeigt annähernd 200 Reptilien aus dem indo-malayischen Raum, darunter Geckos, Tempelvipern, bis zu 8 m lange Pythons und einen riesengroßen, sehr alten Komodo-Waran.

Nebenan sind im größeren Taman Burung, dem **Bali Bird Park** (Jl. Serma Cok Ngurah Gambir, Tel. 03 61/29 93 52, www.bali-bird-park.com, tgl. 9–17.30 Uhr), Aras, Loris, Beos und zahlreiche weitere Vögel von insgesamt 250 Arten aus aller Welt zu sehen. Besonders stolz ist man aber auf den einheimischen Bali Star.

i Praktische Hinweise

Galerie

Seniwati Art Space, Jl. Sumandang 6 (gegenüber Andy Laundry), Batubulan. Kunst von, aber nicht nur für Frauen. Ausstellung und Workshops. Mo Ruhetag.

15 Celuk

Filigrane Feinarbeiten in Gold und Silber begründeten Ruf und Wohlstand des Dorfes.

Im Osten geht Batubulan beinahe nahtlos über in Celuk, das dörfliche Zentrum der **Gold- und Silberverarbeitung** Balis.

Der geografische Mittelpunkt Balis ist auch das Zentrum von Kunst und Handwerk:
Oben und rechts: *Batubulan ist berühmt für Tanzdarbietungen und Steinmetzkunst*
Links: *Silberschmiede in Celuk*
Unten: *In Blahbatuh werden Instrumente für Gamelanorchester angefertigt*

An beinahe jedem Haus preist ein Schild ›Emas dan Perak‹, ›Gold und Silber‹ an, und entlang der Hauptstraße reiht sich eine große Verkaufsausstellung an die andere. Neben Finger- und Ohrringen, Reifen und Ketten gibt es Zigarettenspitzen, Broschen, Schüsseln, Haarspangen, Pfeifen, Kugelschreiber, Manschettenknöpfe, Krawattennadeln, nicht zuletzt Nabelschnurbehälter, die von Touristen aus dem Westen gern als Pillendöschen verwendet werden, und vieles mehr. Der Preis ist meist Verhandlungssache, man sollte jedoch die oft diffizile Arbeit nicht unterschätzen.

In den angegliederten Werkstätten demonstrieren Mitarbeiter die Herstellung der feinen Arbeiten. Hier wird gehämmert und gelötet, getrieben und eingefasst. Doch meist stellen Handwerker aus der Umgebung die Stücke in geduldiger Kleinarbeit zu Hause her.

Es ist erstaunlich, wie dieses Kunsthandwerk hier zu solcher Blüte gelangen konnte, denn die Rohmaterialien werden zum größten Teil importiert: Silber und Kupfer kommen aus Borneo, Gold wird aus Kalimantan eingeführt, Opale und andere Edelsteine aus Australien. Nur der Kleber, mit dem winzige Silberkügelchen appliziert werden, wird aus der einheimischen Piling-piling-Frucht gewonnen. Die fertigen Schmuckstücke werden abschließend mit Zitronensaft geputzt und mit Kupfersulfat oxydiert.

Faszinierend und eindringlich sind die Klänge eines traditionellen Gamelanorchesters

16 Kemenuh

Dorf der Holzschnitzer und ein 28 m hoher Wasserfall in lieblichem Tal.

Etwa 6 km südlich von Ubud und keine 2 km westlich von Blahbatuh liegt das Dörfchen Kemenuh. Es gilt von alters her als Hochburg geschickter **Schnitzer**. Einen Eindruck von ihrer Kunstfertigkeit bekommt man im **Setia Darma Rumah Topeng & Wayang** (Kubu Bingin Cultural Village, Jl. Tegal Bingin, Banjar Tengkulak Tengah, Tel. 0361/977404, www.setiadarma.org, untertags stets geöffnet), dem Masken- und Puppenhaus. Tatsächlich handelt es sich um fünf offene Häuser im traditionell javanischen Stil (*Joglogs*) in einem großzügigen Garten. Hier ist eine eindrucksvolle Privatsammlung von mehr als 6000 Masken und Schattenspielfiguren zu sehen. In erster Linie stammen sie aus Asien, d.h. aus Indonesien, Japan, Kambodscha und Korea. Es sind aber auch Stücke aus afrikanischen Ländern sowie aus Mexiko und Italien vertreten. Tanzaufführungen und Workshops runden das Angebot ab.

TOP TIPP

An der großen Kreuzung von Kemenuh ist ein Sträßlein südwärts zum Wasserfall **Air Terjun Tegenungan** (auch *Srog Srogan*) ausgeschildert. Knappe 2 km geht es vor ferner Bergkulisse durch grüne Reisfelder, dann folgt ein kurzes Waldstück. Man kann die schöne Strecke auch bequem zu Fuß zurücklegen. Bei einem kleinen *Warung* endet die Straße plötzlich. Links öffnet sich durch die Bäume der Blick auf einen Talkessel, in

Balinesische Malerei

Ursprünglich schöpfte die Malerei – wie jede andere Kunstform auf Bali – aus dem reichen Schatz religiöser und mythologischer Vorstellungen. Beispielsweise griff der alte **Wayang-Stil** das Erscheinungsbild büffellederner Schattenspielpuppen (*Wayang kulit*) auf und stellte seine Motive sozusagen als durchbrochene Silhouetten dar.

Zentrum dieser ehrwürdigen Kunst war und ist das Dorf **Kamasan** südlich von Klungkung. Anfang des 20. Jh. war der Raja des Fürstentums von Klungkung als Kenner und Förderer der Künste bekannt. Gleichzeitig stand er auch westlichen Ideen aufgeschlossen gegenüber. So war auch der deutschstämmige Maler **Walter Spies** (1895–1942) willkommen, der sich 1927 in dem damals kleinen Bergort Ubud niederließ. Andere westliche Künstler, Schriftstellerinnen und Intellektuelle hatten Bali ebenfalls als Quelle ihrer Inspiration entdeckt, der mexikanische Schriftsteller **Miguel Covarrubias** (1904 –1957) etwa, die österreichische Musikerin und Autorin **Vicki Baum** (1888–1960) oder Spies' niederländischer Malerkollege **Rudolf Bonnet** (1895–1978).

Die balinesische Malerei verdankt Bonnet und Spies entscheidende neue Impulse durch bisher hier unbekannte Techniken und Materialien. Das zeigt sich etwa in den späten Tuschearbeiten des großartigen **I Gusti Nyoman Lempad** (1862–1978). 1936 gründeten diese drei mit anderen die Künstlervereinigung **Pita Maha**. Mit den neu entdeckten Möglichkeiten, beispielsweise von Wasser- und Ölfarbe, ging auch eine Erweiterung der Themenwahl und eine größere Format-Vielfalt einher.

Moderne balinesische Malerei zwischen traditioneller und moderner Darstellung

Heute kann man in den Galerien in und um Ubud von zarten, realistischen Naturdarstellungen bis zu knallbunten, ›naiv‹ gehaltenen Abbildungen bungeespringender Touristen in Acryl alles auf Leinwand sehen und kaufen, was das Leben auf Bali täglich so überreich zu bieten hat. Und nach wie vor ist Ubud die Wahlheimat vieler ausländischer Künstler wie etwa des Niederländers **Arie Smit** (* 1916), der die ›Vereinigung junger Künstler‹ in Penestanan bei Campuan anregte. Unvergessen ist auch der exzentrische, auf den Philippinen geborene Selbstdarsteller **Antonio Blanco** (1911–1999), der sich selbst gern als ›balinesischer Dalí‹ bezeichnete.

dem sich der Fluss **Tegenung** über eine Felsstufe an die 30 m tief in einen beinahe kreisrunden See ergießt. Die Aussicht ist hinreißend schön. Sie kann auch bei sanfter Gamelanmusik vom Band auf der Terrasse des einfachen *Waterfall Restaurant* am westlichen Rand des Talkessels genossen werden. Hier ist aber auch rechts der **Belangsinga Bungee-Turm** (Tel. 03 61/94 11 02, tgl. 10–17 Uhr, besser nach Vereinbarung) unübersehbar. Es ist der höchste derartige Turm der Insel, von ihm aus sind 50-m-Sprünge bis zum Wasser im Tal möglich.

Neben dem Restaurant arbeitet der Künstler I Made Sudama in einem kleinen **Atelier**. Interessenten können vor Ort gleich eines seiner farbenprächtigen Gemälde in balinesisch-naivem Stil kaufen.

i Praktische Hinweise

Unterkunft

Sua Bali, Banjar Medahan, Kemenuh, Tel. 03 61/94 10 50, www.suabali.com. Tourismus-Projekt mit Anschluss ans Dorfleben, z. B. mit Koch- oder Sprachkursen.

17 Blahbatuh

Wo balinesische Musiker Gongs und Gamelaninstrumente fertigen lassen.

Nördlich von Celuk wird die Landschaft hügeliger, die Straßen werden schmaler und ihr Zustand schlechter. Beim Dörfchen Sakah ist das Denkmal für **Sanghyang Rari** unübersehbar, ein 8 m hoher,

PAINTINGS
UBUD - BALI

über das ganze Gesicht lachender Brahma Lelare – in Gestalt eines wohlgenährten, nackten Babys. Auf dieser Route nach Gianyar lohnt sich ein Halt in dem Dorf Blahbatuh, einem Zentrum der Musikinstrumentenfertigung. Nach alter Tradition werden hier in Handarbeit die angeblich besten Gongs und klangvollsten **Gamelaninstrumente** der Insel hergestellt.

Die auf- und abschwellenden Klänge von Gamelanorchestern kann man auf Bali immer und überall hören. Jeder Ort verfügt über ein Gamelan – so wird die gesamte Gruppe von 4–40 Musikern vereinheitlichend genannt. Die Musik basiert auf anderen metrischen und tonalen Gesetzen als die europäische. Sie klingt daher in unseren Ohren fremd und hat etwas Magisches, Beschwörendes an sich. Musiziert wird nicht zum Selbstzweck, sondern immer als Begleitung, etwa bei Schattenspielen, Tänzen oder Tempelfesten. Das balinesische Gamelan besteht hauptsächlich aus Schlaginstrumenten – Xylophonen, Metallophonen, Trommeln und Gongs in verschiedenen Größen und Stimmungen.

Die Instrumentenherstellung ist aufwändig. Hinter den Mauern vieler Gehöfte von Blahbatuh hört man die schweren Hämmer der Schmiede, die metallene Platten oder Gong-Rohlinge austreiben. Gleich daneben werden Klangkörper aus gelbem Nangka-Holz geschnitzt und nach dem Zusammenbau sorgfältig bemalt. Wenn man ohne Führer kommt, könnte es allerdings schwierig sein, eine offene Werkstatt zu finden, denn die Instrumentenbauer sind (noch) nicht auf westliche Besucher eingestellt.

Der Tempel **Pura Puseh** (auch Pura Gaduh) am östlichen Ortsrand wurde nach einem Erdbeben 1917 wieder aufgebaut, wie zuvor zu Ehren des sagenhaften Riesen *Kebo Iwo*. Die Legende berichtet, er habe in einer einzigen Nacht die *Candis* des Gunung Kawi [Nr. 24] sowie anderer Heiligtümer aus dem Fels gekratzt. Groß genug mag er gewesen sein, wie das meterhohe steinerne Riesenhaupt vermuten lässt, das im Pura Puseh Blahbatuh zu sehen ist und das vermutlich bereits aus dem 14. Jh. stammt.

Rings um Ubud ist balinesische Kunst zu Hause:
Oben: *In Mas arbeiten die Holzschnitzer, deren Werke man auch in Ubuds Neka-Museum bewundern kann*
Mitte und unten: *In Ubud stellen Maler aus, deren Bilder von Kult und Alltag auf Bali erzählen. Bei dem großen Angebot fällt die Souvenir-Auswahl schwer*

18 Mas

Zentrum für Schnitzkunst und kunstvolle Möbel aus Bambus und Holz.

Das 2 km südlich von Ubud gelegene Dorf Mas hätte leicht als Vorort des künstlerischen Zentrums der Insel Ubud untergehen können. Aber die Bewohner der schnell wachsenden Ansiedlung haben sich einen hervorragenden Ruf als **Holzschnitzer** und **-bildhauer** erworben. Täglich durchstreifen nun Touristen die lebhaften Werkstätten und beobachten, wie aus riesigen Baumstämmen in mühevoller Arbeit handlichere Stücke gesägt werden, wie vier Männer gleichzeitig aus einem ungeschlachten Baumstrunk ein bewegtes Kunstwerk schlagen, wie aus Bambus und Rattan Möbel für jede Gelegenheit hergestellt werden.

In den entsprechenden Geschäften werden auch kleinere Stücke zum Verkauf angeboten: bizarre, bunt bemalte Tanzmasken beflügeln die Fantasie, Dämonenköpfe blecken ihre überlangen Reisszähne, bunte Mobiles bewegen sich leise klimpernd im Wind. Gerne führen die Holzschnitzer von Mas auch Auftragsarbeiten aus.

19 Ubud

Dreh- und Angelpunkt der balinesischen Kunstszene.

Spätestens seit sich der deutsche Maler, Musiker und Bali-Liebhaber Walter Spies (1895–1942) im Jahr 1927 in dem kleinen Bergort niederließ, gilt Ubud im Westen als künstlerisches Zentrum der Insel. Viele **Kunstschulen** haben sich hier etabliert, unzählige **Galerien** bieten Bilder, Schnitzwerke und Batikmalereien zum Kauf an, und ausländische Besucher schlendern in Scharen durch die Straßen des geschäftigen Ortes. Ubud wuchs schnell, blieb aber trotz allem Kunst- und Touristenrummel eine angenehme Stadt, umgeben von sanften Hügeln, lichtgrünen Reisfeldern und kühlen Wäldern.

Affenwald 1

Neben der Kunst ist eine der Hauptattraktionen Ubuds der kleine **Monkey Forest**

Die Nachfahren des Affengottes Hanoman sind auch in Ubud keine Kostverächter

(Tel. 0361/971304, www.monkeyforestubud.com, tgl. 8.30–18 Uhr) in einer Senke zwischen der Innenstadt und dem südlichen Vorort Padangtegal. Gleich hinter dem Haupteingang nehmen hohe, Schatten spendende Bäume Besucher wie ein Dom auf. Rechts geht es etwas abwärts zu einer kleinen eingefassten Quelle mit Badeplatz und einem Schrein für die Reisgöttin Dewi Beji. Folgt man dem Hauptweg weiter, sieht man inmitten der feierlichen Waldesruhe auf einer Anhöhe den **Pura Dalem Agung Padangtegal** 2.

Die meisten Besucher sind jedoch weniger an dem Tempel interessiert als an den berühmten **heiligen Affen**, die den Hain bevölkern. Die kleinen graufelligen Langschwanz-Makaken, gelten als Nachfahren des mythischen Affenkönigs Hanoman und können – wie ihre Verwandten im Tempel von Sangeh [vgl. Nr. 13] – recht angriffslustig werden, vor allem, wenn sie gefüttert werden wollen. Außerdem interessieren sie sich oft sehr für Kameras, Brillen, Schmuck oder Hüte.

Stadtzentrum

Vom Affenwald führt die von Geschäften, Hotels und Restaurants dicht gesäumte **Monkey Forest Road** 3 geradewegs ins Zentrum von Ubud. An der Südostecke der zentralen Kreuzung der Stadt erhebt sich das eingeschossige Marktgebäude, in dem der **Kunstmarkt** 4 von Ubud abgehalten wird. Jeden dritten Tag herrscht hier noch mehr Betriebsamkeit, wenn die Bevölkerung der umliegenden Dörfer auf dem Marktareal Obst, Gemüse und lebendes Federvieh verkauft.

TOP TIPP

Gegenüber beherrscht unübersehbar der Fürstenpalast **Puri Saren** 5 das verkehrsreiche Treiben der City. Noch heute wird der rückwärtige Teil des Palastes von Angehörigen der fürstlichen Familie bewohnt. Der vordere, prachtvoll ausgeschmückte Bereich ist jedoch zu besichtigen. Hier befindet sich eine Bühne, auf

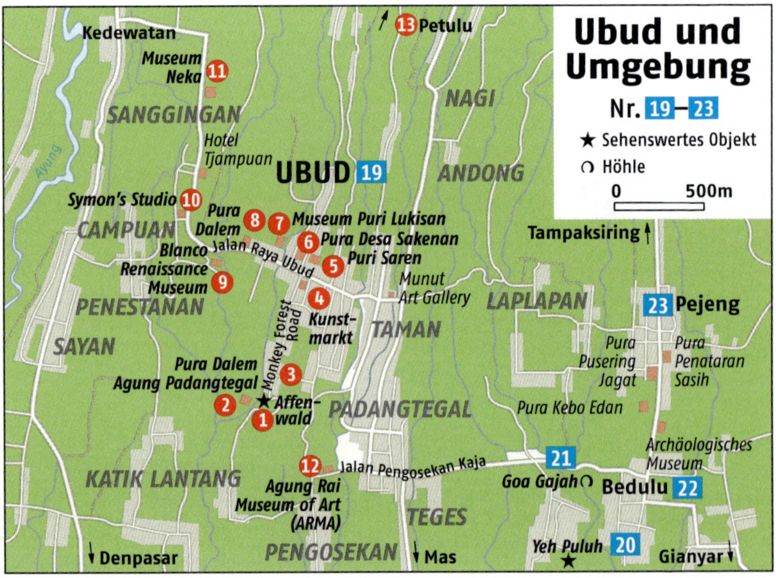

Pool statt Meer in Ubud – hier das Amandari Resort über dem Ayung im Vorort Kedewatan

der jeden Abend nach Einbruch der Dunkelheit traditionelle Tänze gezeigt werden. Die Darbietungen sind von hoher Qualität und unbedingt sehenswert. Karten dafür gibt es am Eingang oder bei Straßenhändlern.

An der nordwestlichen Kreuzungsecke steht der Dorftempel **Pura Desa Sakenan** 6. Die schöne Anlage mit mehreren steinernen Wächtern und goldbemaltem Schnitzwerk an den Gebäuden ist nicht auf Touristen ausgerichtet, d.h. man muss eine Schärpe selbst mitbringen und steht mitunter gar vor verschlossenem Gatter.

500 m westwärts überspannt an der Jalan Raya Ubud ein steinerner Steg eine kleine Schlucht. Dahinter liegt an der steilen Talwand das bereits 1956 eröffnete **Museum Puri Lukisan** 7 (Tel. 0361/971159 www.mpl-ubud.com, tgl. außer Fei 8–16 Uhr). In ihm kann man an ausgesuchten Meisterwerken sein Auge für lokale Malerei und Stile (insbesondere der Pita Maha-Periode, ca. 1936–40) schulen. Zu sehen sind beispielsweise Gemälde von Walter Spies, Rudolf Bonnet und I Gusti Nyoman Lempad.

Vororte von Ubud

Stadtauswärts liegt rechts der Totentempel **Pura Dalem** 8 von Ubud, bewacht von einem sehenswerten, knorrigverwachsenen Banyak-Baum. Am Tempelareal vorbei windet sich die gute, aber schmale Straße über das Flüsschen Uos (Wos) in den Vorort Campuan. Links oben überblickt das **Blanco Renaissance Museum** 9 (Tel. 0361/975502, www.blancomuseum.com, tgl. 9–17 Uhr) das Tal. Das Anwesen mit Galerie ist leicht an seiner runden Eingangstür zu erkennen. Es war einst Wohnhaus und Atelier des Malers Antonio Blanco (1911–99).

Folgt man der Hauptstraße nach Norden, zeigt der US-Amerikaner Symon in **Symon's Studio** 10 (Tel. 0361/974721, www.symonstudios.com, tgl. vormittags – ca. 21 Uhr) seine starkfarbigen, oft von Pop Art inspirierten Bilder. Bereits seit 1928 besteht schräg gegenüber das *Hotel Tjampuhan* (auch *Tjampuan* oder *Campuan*, s. u.). Ursprünglich war es das Gästehaus des Prinzen von Ubud, später das von Walter Spieß, in dem seinerzeit oft Künstlerprominenz nächtigte.

TOP TIPP Es lohnt sich, etwa einen Kilometer weiter in Kedewatan das **Neka Art Museum** 11 (Jl. Raya Campuan, Tel. 0361/975074, www.museumneka.com, Mo–Sa 9–17, So 12–17 Uhr, Fei geschl.) zu besuchen. Es wurde 1982 von dem Kunstmäzen *Wayan Suteja Neka* gegründet, selbst Holzschnitzer und ein Sohn des Pita-Maha-Malers *Wayan Neka*. Die Ausstellung ist ansprechend aufbereitet und dargeboten. In sechs Pavillons macht sie mit Geschichte und Gegenwart moderner balinesischer Malerei vertraut.

Nahrungsicherung und Landschaftspflege – Reisanbau prägt nach wie vor weite Teile Balis

Schwerpunkte sind die drei großen lokalen Malschulen seit dem 17. Jh., Fotografien von Bali aus den 1930er- und 1940er-Jahren, Werke von Arie Smit und I Gusti Nyoman Lempad, zeitgenössiche indonesische Kunst und eine Porträtgalerie mit Gemälden asiatischer und westlicher Künstler.

Weitere traditionelle und moderne Gemälde und Skulpturen präsentiert das **Agung Rai Museum of Art (ARMA)** 12 (Jl. Pengosekan, Tel. 03 61/97 57 42, www.armabali.com, tgl. 9–18 Uhr) im südlichen Vorort Padangtegal. Außerdem finden hier kulturelle Veranstaltungen statt, etwa Legong-, Topeng Jimat- oder Barong-Tänze sowie bei Voll- und Neumond Cak Rina-Tänze (ARMA Information Desk, Tel. 03 61/97 66 59).

Ein angenehmer, 3 km langer Spaziergang führt von Ubud aus durch Reisfelder und Wald nach Nordosten zum Dorf **Petulu** 13. Gegen 6 Uhr abends kehren Scharen weißer Reiher (*Kokokan*) zu ihren hiesigen Nestern heim. Es empfiehlt sich, ihren Flug von einem Pondok aus zu verfolgen, dessen Dach nicht nur vor Regen schützt ...

Taro

Eine knappe Autostunde nördlich von Ubud wurde bei dem vormals entlegenen Dorf Taro der **Elephant Safari Park** (Tel. 03 61/72 14 80, www.baliadventuretours.com, tgl. 9–18 Uhr) mit Lodge errichtet. Hier können Besucher aus Sumatra eingeführte Elefanten füttern, streicheln und während täglicher Shows u.a. beim Malen auf Leinwand beobachten. Ein Ritt auf dem Elefantenrücken durch die schönen umliegenden Wälder kostet extra.

i Praktische Hinweise

Information

Bina Wisata, Monkey Forest Road/ Jl. Raya Ubud, Tel. 03 61/97 32 85. Privates Informationsbüro mit Eventkalender und Tourangebot.

Kultur

Ubud Writers & Readers Festival (UWRF), Tel. 03 61/780 89 32, www.ubudwritersfestival.com. Viertägiges internationales Literaturfestival im Herbst (meist Okt.). Hochkarätige vielfältige Lesungen, Vorträge und Workshops sowie spartenübergreifendes Kultur-Begleitprogramm.

Hotels

TOP TIPP *** **Pertiwi Resort**, Jl. Monkey Forest, Ubud, Tel. 03 61/97 52 36, www.pertiwiresort.com. Luftige Bungalows in traditionellem Stil um einen kleinen Pool. Zwei Restaurants im

Haus. Kleines Spa im Garten. Tanzunterricht, Rad- und Wandertouren für Gäste.

** **Puri Padi**, Jl. Hanoman, Padangtegal, Tel. 03 61/97 50 10, www.puripadiubud.com. Einladendes, freundliches Gästehaus im dörflichen Südosten von Ubud. Zweckmäßig eingerichtete Bungalows im schmalen, hübsch angelegten Garten.

❀❀❀ **Tjampuhan Resort & Spa**, Jl. Raya Ubud, Campuan, Tel. 03 61/97 53 68, www.hoteltjampuhan.com. Ruhiges, traditionsreiches Hotel am Fluss im Westen Ubuds. Schöner Blick über das grüne Tal.

❀❀❀ **Ubud Village Hotel**, Jl. Monkey Forest, Ubud, Tel. 03 61/97 55 71, www.theubudvillage.com. Hübsches Stadt hotel, die hinteren Bungalows besitzen Terrassen mit Blick auf Wald und Felder.

❀❀ **Pande Permai**, Jl. Monkey Forest, Ubud, Tel. 03 61/97 54 36, www.pandepermai.com. 24 feine, gleichwohl günstige Bungalows, teils hübsch am Hang gelegen. 5 Gehminuten zum Affenwald.

Residence Yan Suryana, Jl. Petulu Gunung 44, Petulu, Tel. 03 61/97 65 75, www.yansuryana.com. Privates Gästehaus für bis zu vier Personen einer indonesisch-österreichischen Künstlerfamilie. Mal- und Tanzkurse sind möglich.

Restaurants

Bebek Bengil (Dirty Duck Diner), Jl. Hanoman, Padangtegal, Tel. 03 61/97 54 89, www.bebekbengil.com. Spezialität ist knusprig geröstete Ente balinesische Art.

Bridge, an der Brücke nach Campuan, Ubud, Tel. 03 61/97 50 85, www.bridgesbali.com. Café und Restaurant mit asiatischen Speisen, auch mit hawaiianischem und kalifornischem Einschlag.

Kafe Arma, Jl. Raya Pengosekan, Ubud, Tel. 03 61/97 66 59, www.armaresort.com. Luftiges Café-Restaurant neben dem gleichnamigen Museum mit Wasserspielen und Blick auf Reisfelder. Lokale Spezialitäten. Do 20–22 Uhr Live-Musik.

Lotus Lane, Jl. Raya Ubud/Jl. Monkey Forest, Ubud, Tel. 03 61/97 53 57, www.lotus-restaurants.com. Westliche und indonesische Küche in stilvollem Ambiente. Die Plätze im Garten am anmutigen Lotosteich sind sehr begehrt.

Galerien und Workshops

Bamboo Gallery – Yayasan Bamboo Lestari, Jl. Nyuhkuning, Pengosekan, Tel. 03 61/97 50 37. Vielfältiges aus Bambus.

Dewa Windia, Peliatan (neben dem zentralen großen Banyak-Baum), Tel. 03 61/97 50 06. Künstlergemeinschaft in Ubuds aufstrebendem südlichem Nachbardorf.

Ganesha Bookshop, Jl. Raya Ubud (schräg gegenüber der Hauptpost), Tel. 03 61/97 33 59, www.ganeshabooksbali.com. Große Auswahl an Bali-Büchern, dazu Landkarten. Second-Hand-Bücher und Verkauf von indonesischen Musikinstrumenten; Musikkurse.

Munut Art Gallery, Jl. Raya Ubud (östlicher Stadtrand), Ubud, Tel. 03 61/97 51 71. Arrivierter Familienbetrieb neben Hotel mit reicher Auswahl an Kunstwerken.

20 Yeh Puluh

Der einzigartige Steinfries gibt sein Geheimnis nicht preis.

Fährt man von Ubud in östlicher Richtung nach Bedulu, weist kurz vor der Goa Gajah [Nr. 21] ein Schild nach rechts zum **Relieffries** von Yeh Puluh. Vom Ende der unbefestigten Straße aus geht man noch ein gutes Stück zu Fuß durch Reisfelder. Es ist ein hübscher Spaziergang, aber wer sich nicht verlaufen möchte, fragt besser in Goa Gajah nach dem Weg oder bittet einen Jungen, als Führer mitzugehen.

Über mehrere Stufen geht es schließlich in eine kleine Schlucht hinab, an deren Fuß gut 2 m hoch und 27 m lang das Relief plastisch aus dem Fels herausgearbeitet ist. Es wurde 1925 entdeckt und gibt den Archäologen immer noch Rätsel auf. Die lebendig wirkenden, lebensgro-

Ungeklärte Fragen: Wie alt ist der Fries von Yeh Puluh und was erzählt er?

Der Dämonenkopf von Goa Gajah kann wohl böse Geister fernhalten, nicht jedoch Touristen

ßen Figuren (Reiter, Tiere, Jäger mit Beute) stellen keine bekannte Geschichte aus dem Ramayana dar, und auch zeitlich lässt sich das ungewöhnliche Kunstwerk nur vage auf das 13.–15. Jh. datieren. Ungeachtet dessen stehen am Schluss des Reliefs vor der Sitzfigur Ganeshas, des elefantenköpfigen Sohnes von Shiva und Parvati, stets frische Opfergaben.

21 Goa Gajah

600 Jahre alte Steinskulpturen und Badebecken umgeben die von Menschen geschaffene ›Elefantenhöhle‹.

An der Straße zwischen Ubud und Pejeng liegt die Höhle Goa Gajah (tgl. 8–17.30 Uhr), eines der ältesten Heiligtümer Balis. Vor Betreten des sakralen Bereichs durchschreitet der Besucher jedoch erst einen sehr profanen zweireihigen Touristenmarkt. Am Eingangshäuschen wird eine Kameragebühr erhoben.

Dann führen 60 Stufen in ein sich erweiterndes Tal hinab. Bereits im 11. Jh. trieben Menschen die namengebende Höhle in die nördliche Felswand. Sie wurde erst 1923 wiederentdeckt. Um den Eingang ist ein prächtig gearbeiteter Dämonenkopf in den Felsen gemeißelt. Durch sein weit aufgerissene Maul betritt man die T-förmige Höhle. An den Wänden reihen sich einfache Meditationsnischen aneinander, schießschartenähnliche Fenster lassen nur wenig Licht ins Innere. Umso eindrucksvoller taucht links am Höhlenende aus dem dämmrigen Halbdunkel die steinerne, ca. 1 m hohe Plastik des elefantenköpfigen, vierarmigen Gottes Ganesha auf. An der gegenüberliegenden Wand zollen Gläubige drei Lingga-Yoni, Fruchtbarkeitssymbolen, Ehrerbietung.

Nach Verlassen der Höhle sieht man vis-à-vis drei rituelle, große Wasserbecken, die 1954 ausgegraben wurden. Besonders schön sind die sechs steinernen Frauenfiguren, aus deren vor die Brust erhobenen Krügen Wasser fließt. Im dahinter liegenden Heiligtum **Pura Taman** beten Frauen um Kindersegen.

Eine kleine Exkursion vom Höhlenvorplatz nach Süden führt ins steile **Tal des Petanu** hinab. Hier lassen Ruinen und zwei Buddhafiguren ein frühes buddhistischen Kloster vermuten, das eventuell auch die Entstehung von Goa Gajah und seinem Quelltempel beeinflusste.

Farbenprächtiges Tempelfest im ehrwürdigen Palastareal von Bedulu

22 Bedulu

Volkreiche Tempelfeste erinnern an die große Vergangenheit des Dorfes.

Nichts weist mehr darauf hin, dass Bedulu im 13. und 14. Jh. eine der wichtigsten Niederlassungen des Fürstentums von Pejeng war. Doch soll hier der Palast des zaubermächtigen **Raja Dalem Bedahulu** gestanden haben. Der Fürst hatte sich – das ist geschichtlich erwiesen – Mitte des 14. Jh. vergeblich den javanesischen Majapahit-Eroberern entgegengestellt. Der Legende nach konnte dieser Bedahulu durch Magie seinen Kopf mit dem jedes anderen Lebewesens vertauschen. Als aber einmal sein eigenes Haupt in einen Fluss fiel, musste er fortan mit einem Schweinekopf leben. Keiner durfte den Herrscher so sehen. Doch durch einen Trick gelang es einem javanischen General, einen Blick auf den Raja mit dem Schweinekopf zu werfen. Da verzehrte die Flamme der Scham den Fürsten – und Bali wurde javanisch. Vom Namen des unglücklichen Herrschers soll sich die Ortsbezeichnung Bedulu ableiten.

Andere, halb historische, halb legendäre Ereignisse verbinden sich mit dem **Pura Samuan Tiga**, der Trimurti geweiht ist, der göttlichen Dreieinigkeit von Brahma, Wishnu und Shiva. Hier sollen einst sechs heilige Männer zur Friedenssicherung die Grundlagen der balinesischen Hindu-Dharma-Religion entworfen haben. Deshalb findet in Bedulu an jedem 10. Vollmond des balinesischen Kalenders ein mehrtägiges **Tempelfest** statt. Wem sich die Gelegenheit bietet, sollte das farbenprächtige Großereignis zumindest kurz besuchen.

23 Pejeng

Drei eindrucksvolle Tempel zieren die einstige fürstliche Hauptstadt.

Das Gebiet zwischen den Flüssen Petanu und Pakerisan gilt als bevorzugter Aufenthaltsort der Götter. Entsprechend viele Tempel, Schreine und heilige Orte sind hier zu finden.

Eines der wichtigsten Heiligtümer der Region ist der **Pura Penataran Sasih** in Pejeng. In ihm wird die bronzene Kesseltrommel, genannt ›Mond von Pejeng‹, aufbewahrt. Sie wurde um 300 v. Chr. gefertigt, war also schon 1000 Jahre alt, als

In warmem Ziegelrot leuchtet das Gespaltene Tor des Pura Penataran Sasih in Pejeng

das Fürstentum von Pejeng erblühte. Es ist nicht sicher, ob sie aus Indonesien oder aus Vietnam stammt, wenn auch die Ornamentik typisch indonesische Stilmerkmale zeigt. Die längliche Trommel hat einen Durchmesser von etwa 1,5 m, ist rund 1,8 m hoch und gilt als größter frühgeschichtlicher Bronzegong der Welt. Die legendenumrankte Trommel hängt überdacht im hinteren Tempelbereich, aber leider so hoch, dass man die fein ziselierten geschwungenen Linien und stilisierten Gesichter auf der Oberfläche nicht deutlich sieht.

Der benachbarte **Pura Pusering Jagat** (›Nabel der Welt‹) wurde Anfang des

Ungewöhlicher Totenkult auf Bali: Steinsarkophage im Archäologischen Museum von Pejeng

14. Jh. für einen knapp 1 m hohen Steinzylinder erbaut. Dieser ist über und über mit Reliefs bedeckt, die die Götter beim Aufrühren des Meeres zeigen. So erzeugen sie Amrita, Lebenswasser, zu dessen Aufbewahrung das Steingefäß diente. Darüber hinaus fallen die zahlreichen Lingga- und Yoni-Steine auf, vor denen oft junge Paare um Nachwuchs beten.

Der dritte große Tempel Pejengs ist der **Pura Kebo Edan** im Süden. Dieser ›Tempel des verrückten Wasserbüffels‹ kann mit einer knapp 4 m hohen Steinstatue des Furcht erregenden Riesen Bima aufwarten, unter dessen Füßen sich angstvoll eine menschliche Gestalt windet. Als ob er mit seinem weit aufgerissenen Maul und mit Totenschädeln behängt nicht schon grausig genug anzuschauen wäre, ist Bima außerdem mit sechs Penissen ausgestattet, einer von ihnen sichtbar und von wahrhaft erschreckender Größe. Andere blutrünstige Figuren sowie Darstellungen von männlichen und weiblichen Wasserbüffeln zieren den Haupteingang und die gegenüberliegenden Hallen. Man vermutet, dass sich hier vor rund 500 Jahren ein Zentrum der Shiva-Verehrung befand. Noch heute gilt der Tempel als Versammlungsort von Dukan-dukan, Zauberdoktoren.

200 m weiter südlich befindet sich auf der gegenüberliegenden Straßenseite das Museum Purbakala, besser bekannt als **Museum Arkeologi** (Jl. Raya Tampaksiring, tgl. 8 – ca. 15 Uhr). In den kleinen Ausstellungsräumen und Pavillons sind archäologische Fundstücke von der Steinzeit bis zu bronzezeitlichen Grabbeigaben zu sehen. Überdacht, aber im Freien stehen für das hinduistisch geprägte Bali ungewöhnlichen Steinsarkophage, die auf das 3. oder 2. Jh. v.Chr. datiert werden. In ihnen wurden Menschen offenbar hockend beigesetzt. Leider sind Erläuterungen lediglich in indonesischer Sprache beigefügt.

24 Gunung Kawi

In die Felswand gemeißelt, überblicken die ›Königsgräber‹ das Tal des Pakerisan.

Der nächste Ort nördlich von Pejeng ist **Tampaksiring**, in dem vor allem Knochen und Elfenbein be- und verarbeitet werden. Doch noch vor dem betriebsamen Schnitzerdorf zweigt links eine Straße zum Gunung Kawi ab, dem ›Berg der Poesie‹. Zahlreiche Buden und Heerscharen von Händlern weisen den Weg.

Über eine steile Felsentreppe geht es nach dem Kassenhäuschen etwa 1 km hinab ins landschaftlich wunderschöne, herrlich grüne Tal des Bergbaches Pakerisan. Gegenüber der Brücke über das Wasser sind einfache **Mönchszellen** aus dem Fels der Talwand geschlagen. Sie dürfen nur barfuß betreten werden.

Schrein für den ›Mond von Pejeng‹, eines der berühmtesten Artefakte Balis

Der ›Mond von Pejeng‹

Anders als heutige Experten weiß die Legende Genaues zur Entstehung der Kesseltrommel von Pejeng. Vor undenklichen Zeiten standen dreizehn Monde am Himmel. Einer davon fiel herunter und verfing sich in einer Baumkrone. Er strahlte so hell, dass er jede Nacht zum Tage machte. Das hinderte eine Diebesbande an ihrem Handwerk. Um Abhilfe zu schaffen, stieg einer der Langfinger auf den Baum und urinierte auf den Mond, um dessen Licht zu löschen.

Das Vorhaben gelang, aber durch die plötzliche Abkühlung explodierte der Himmelskörper und tötete dabei den frevlerischen Dieb. Der Großteil des Mondes jedoch fiel als Bronzetrommel zur Erde. Noch heute kann man an ihr die Schrammen von dem harten Aufprall sehen.

Die Königsgräber von Gunung Kawi legen Zeugnis ab von König Udayana und seiner Familie

Links daneben befinden sich in hohen Nischen fünf kunstvolle **Candi** von über 6 m Höhe. Es handelt sich nicht um Gräber, da sie keine Hohlräume oder Grabkammern besitzen. Vielmehr wurden sie um das Jahr 1080 als massive Denkmäler mit pyramidenförmigem Dach zur Erinnerung an große balinesische Könige des 11. Jh. aus dem Fels herausgearbeitet. Gegen 1077 war Anak Wungsu, Sohn des berühmten Reichseiners Udayana, gestorben. Dem beliebten Herrscher und seiner Familie soll die beeindruckende Anlage gewidmet sein. Andere Deutungen stellen König Udayana selbst in den Mittelpunkt, mit baulicher Anerkennung auch für seine Königin Mahendradatta und ihre gemeinsamen Söhne Airlangga, Anak Wungsu und Marakata.

Etwas weiter südlich liegt hinter Reisfeldern ein einzelner Candi, der ebenfalls Gunung Kawi zugeordnet wird.

Vis-à-vis der fünf Hauptschreine sind in die gegenüberliegende Talwand vier weitere, gleichartige Candi gemeißelt. Sie waren den vier Lieblingskonkubinen Anak Wungsus gewidmet. Doch auch hier wurden keine menschlichen Überreste gefunden, es sind also gleichfalls keine ›echten‹ Gräber.

Der Sage nach wurden die übergroßen Candi von Gunung Kawi in nur einer Nacht geschaffen, als sie der legendäre Riese Kebo Iwo mit seinen Fingernägeln aus dem Fels kratzte [vgl. S. 47].

25 Tirta Empul

Uralte ›Heilige Wasser‹ und viel unheiliger Rummel.

Kurz hinter dem Dorf Tampaksiring gabelt sich der Weg nach Norden. Die linke Abzweigung führt zum Palast des indonesischen Staatsgründers Sukarno. Der ehemalige Präsident hatte ihn sich im Jahr 1954 auf einem Hügel über dem Badeheiligtum Tirta Empul an der Stelle eines niederländischen Herrenhauses errichten lassen. Auch er genoss gern den herrlichen Ausblick, der bis hinüber nach Gunung Kawi reicht.

Weniger exklusiv kann diese Aussicht auch vom **Badeheiligtum** Tirta Empul aus bewundert werden. Souvenir- und Imbissbuden weisen den Weg zu der etwa 1 km nördlich von Tampaksiring entspringenden kalten Quelle des Pakerisan-Flusses. Um sie wurde ein kleiner Tempel erbaut, aus dem das kühle Bergwasser über Stufen in mehrere steinerne Badebecken fließt. Armdick und mit erstaunlichem Druck strömt das klare Nass aus den nur wenig verzierten, moosbewachsenen Umfassungsmauern. Die Einheimischen glauben an seine Heilkräfte und besuchen gern die nach Geschlechtern getrennten Bäder. Auch wenn viele Touristen an diesen heiligen Ort kommen, gilt ein strenges Fotografierverbot beim Baden.

Der Legende nach trat die Quelle zutage, nachdem Gott Indra die Erde mit seinen Fingernägeln aufgekratzt hatte. So fand er das heilige Wasser, das seine von dem verräterischen König Mayadanawa vergiftete Streitmacht retten sollte.

Jeweils im vierten Mondmonat eines Jahres findet in Tirta Empul eine beeindruckende Reinigungszeremonie statt. Dazu wird aus dem nahen Dorf Manukaya ein verwitterter Stein zum Tempel getragen. Seine Inschrift datiert den Bau des Heiligtums auf das Jahr 962 n.Chr. und legt das Prozedere der Zeremonie fest. Seit mehr als 1000 Jahren wird nach dieser Vorgabe das Ritual begangen, obwohl die Dorfbewohner die Inschrift des Steines längst nicht mehr lesen können.

Erfrischung in der Sommerhitze – Baden im Fluss Pakerisan bei Gunung Kawi

PENGUMUMAN
ATTENTION

Der Osten – traditionsreiches Kulturland

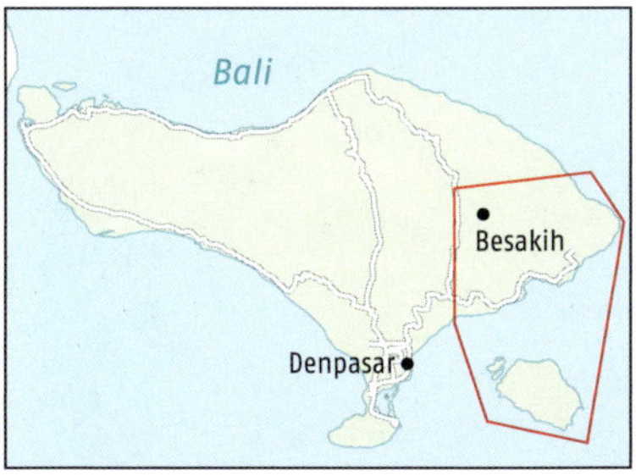

Mit Namen wie **Amlapura**, **Gianyar** oder **Klungkung** verbindet sich die Erinnerung an mächtige Fürstentümer, aber auch an eine Katastrophe im Jahr 1963. Damals brach der heilige Berg Balis, der Vulkan **Gunung Agung**, aus, seine Lavaströme vernichteten ganze Landstriche, etwa 1000 Menschen kamen dabei ums Leben. Doch längst sind der Gunung Agung und der ausgedehnte Komplex des Muttertempels **Besakih** an seinem Südhang wieder gefahrlos zu besuchen. Auch um die Fledermaushöhle **Goa Lawah** grünt der regionaltypische schwarze Lavaboden wieder üppig. Nach dem Ausbruch wurden viele Orte als Zeichen des Neubeginns umbenannt, etwa das altehrwürdige Klungkung in Semarapura.

Touristen besuchen gern die Strände des kleinen Fährhafens **Padang Bai** und des Urlaubsortes **Candi Dasa**, in dessen waldigem Hinterland man zudem sehr schön wandern kann. Auch die vorgelagerte Insel **Nusa Penida** erfreut sich zum Sonnenbaden, Schnorcheln und Tauchen großer Beliebtheit.

26 Bangli

Charmanter Marktflecken, überragt von großartigen Tempelterrassen.

Das nette Provinzstädtchen eignet sich hervorragend als Ausgangspunkt für Ausflüge, sei es in die Berge im Norden oder in die reizvolle Umgebung. Vor rund 700 Jahren war Bangli noch Hauptstadt eines selbstständigen Fürstentums. Der Palast **Puri Artha Sastra** beim Marktplatz wird teils noch von Mitgliedern der einstigen Herrscherfamilie bewohnt, teils als Hotel genutzt.

Im Norden, etwas außerhalb der Stadt, liegt an den hügeligen Ausläufern des mächtigen Vulkans Gunung Agung der **Pura Kehen** (tgl. 6–18.30 Uhr). Lange, mit Steinreliefs und -skulpturen reich verzierte Treppenfluchten führen hinauf zu dem prächtigen Staatstempel, der vermutlich bereits im 11. Jh. gegründet wurde. Den ersten Innenhof beschattet ein riesiger Banyak-Baum. In die Umfassungsmauer sind chinesische Porzellanteller eingelassen, von denen einige vollständig intakt sind. Das Haupt der fürchterlichen Kala, göttliche Verkörperung der Zeit, über dem gedeckten Eingangstor soll vor bösen Eindringlingen schützen. Ähnliche Funktion haben die gleichartigen Skulpturen von Bima, Durga und Rangda im Inneren der Anlage. Im rückwärtigen Hof, dem inneren Heiligtum, ruht ein eleganter elfstufiger Meruh auf den Füßen einer Schildkröte – Symbol für die Unterwelt. Hier waren bis Ende des 20. Jh. drei bedeutsame historische Bronzetafeln aufbewahrt worden, die im prächtigen **Pura Penyimpenan** gegenüber einen neuen Platz gefunden haben.

Üppiger Skulpturenschmuck ziert den Aufgang zum Tor des Pura Kehen von Bangli

Der großartige Muttertempel Besakih zieht Scharen von Gläubigen und Besuchern an

Vom ewigen Streit zwischen Gut und Böse erzählen die Relieftafeln an Banglis Pura Kehen

Neben der Pracht des Tempels macht der atemberaubende Ausblick ins Tal den Besuch des Pura Kehen zum Erlebnis. Noch größer wird dieser Genuss, wenn man einem der Saumpfade hinter dem Pura ein Stück bergaufwärts folgt.

i Praktische Hinweise

Information

Pemerintah Bangli Government, Jl. Brigjen Ngurah Rai 30, Bangli, Tel. 03 66/ 910 11, www.banglikab.go.id

Hotel

Artha Sastra Inn, Jl. Merdeka 5 (nahe Bemo Station), Bangli, Tel. 03 66/911 79. Neun einfache Zimmer im einstigen königlichen Palast.

27 Gianyar

Das Weberstädtchen träumt vom Glanz der alten Tage.

Als Verwaltungshauptstadt steht Gianyar dem gleichnamigen Bezirk vor, zu dem auch Ubud gehört. Aber hier ist nicht so viel Betrieb wie dort, die kleine Stadt ist nur noch ein Schatten ihrer selbst. Im 18. und 19. Jh. war sie Sitz der Fürsten von Gianyar, die ihr Reich im Jahr 1900 unter das Protektorat der Holländer stellten. So blieb Gianyar zwar in den folgenden blutigen Kämpfen zwischen Europäern und balinesischen Fürsten außen vor, erlebte aber einen wirtschaftlichen Niedergang. An die vormalige Blütezeit erinnert der **Puri Agung Gianyar** im Ortszentrum, der mit seinen reich geschnitzten Pavillons, den schönen Höfen und gepflegten Gärten als einer der prächtigsten Paläste Balis gilt. Er ist aber nur von außen zu besichtigen, da er noch von Mitgliedern der Fürstenfamilie bewohnt wird.

Das ruhige Gianyar lebt hauptsächlich von seiner Textilproduktion und Ikat-Weberei. Viele Handwerksbetriebe haben sich im Westen der Stadt angesiedelt, eine Stippvisite ist sehr interessant. Die Herstellung von Ikat ist sehr aufwändig [s. S. 130], und die Weber von Gianyar sind für ihre gold- und silberdurchwirkten Songket-Stoffe berühmt.

Sidan

Östlich von Gianyar, auf dem Weg nach Bangli, steht in dem Dorf Sidan ein kleiner, aber feiner **Pura Dalem**. Der reiche plastische Figurenschmuck des Totentempels, etwa Durga und Rangda über dem Haupttor, ist für den Süden sehr ungewöhnlich und deutet auf eine früher engere Verbindung zu Balis Norden hin.

Das kleine Gianyar ist berühmt für seine blühende Textilproduktion

i Praktische Hinweise

Information

Dinas Pariwisata/Gianyar Government Tourist Office, Jl. Ngurah Rai, Gianyar, Tel. 03 61/94 35 54, www.gianyartourism.com

28 Klungkung/ Semarapura

In der Kerta Gosa sind entsetzliche Höllenqualen schon in diesem Leben zu schauen.

Offiziell heißt die Stadt Semarapura, aber die neue Bezeichnung will sich nicht so recht durchsetzen. Mit dem alten Namen Klungkung bzw. Gelgel verbindet sich die Erinnerung an das große Reich, das der javanische Heerführer Gajah Mada Mitte des 14. Jh. als Statthalter der Majapahit-Dynastie etablierte [s. S. 12]. Das damalige Reich von Gelgel zerfiel zwar Mitte des 17. Jh. in mehrere konkurrierende Fürstenhäuser, aber Klungkung behielt dabei seine Vormachtstellung. 1710 siedelte der Hofstaat vom wenige Kilometer südlich gelegenen Gelgel nach Klungkung über. Die neue Hauptstadt entwickelte sich zum inselweiten Kunst- und Kulturzen-

In der früheren Gerichtshalle Kerta Gosa in Klungkung hatten Übeltäter ihre Strafe vor Augen

Noch heute faszinieren die Bilder des Strafenkatalogs im Dach der Kerta Gosa von Klungkung

trum. Das war vorbei, als 1908 die übermächtigen Holländer vor den Toren des fürstlichen Palastes standen. Der Dewa Agung, Raja von Klungkung, zog mitsamt Familie und Hofstaat **Puputan**, die rituelle Selbstopferung, der Unterwerfung vor. Damals wurde auch der Fürstenpalast größtenteils zerstört.

Einen Eindruck der früheren Pracht und Herrlichkeit vermittelt an der zentralen Straßenkreuzung der **Taman Gili** (Jl. Surapati/Jl. Puputan, tgl. 7–17.30 Uhr). ›Garten der Insel‹ heißt er, weil gegenüber dem Eingang der **Bale Kembang** in einem rechteckigen Lotosteich liegt. Während der heißen Mittagszeit genossen Raja und Hofstaat unter dem weit vorkragenden Dach dieses ›Schwimmenden Pavillons‹ erfrischende Kühle und den Anblick der filigranen Wayang-Malereien im Innern.

Die meisten Besucher zieht es aber in die kleinere **Kerta Gosa**, rund 20 m weiter. In dieser offenen Gerichtshalle auf einem Steinpodest sprachen seit dem 18. Jh. Priester, Richter und der Raja Recht. Der gesamte Dachstuhl ist innen bis unter den Giebel mit Bildfeldern bemalt. Zum einen wird die Geschichte von Bima erzählt, der in Ober- und Unterwelt seine Eltern sucht. Der Inhalt der anderen Bilder hingegen ist eher grausig: Sie zeigen, was mit Übeltätern in der jenseitigen Welt geschieht. Da reißen Dämonen Lügnern mit glühenden Zangen die Zunge heraus, Hartherzigen hängt die Haut in Streifen herab, Wollüstigen und Ehebrechern wird der Unterleib ausgebrannt – es ist ein schauerliches Treiben. Noch heute verfehlt der Strafenkatalog nicht den beabsichtigten Eindruck auf Betrachter.

Auf dem Gelände von Taman Gili befindet sich auch das kleine **Museum Daerah Semarapura**. Es zeigt eine inte-

Malerei im traditionellen Klungkung- oder Wayang-Stil zeigen Künstler in Kamasan

ressante Sammlung von Antiquitäten, Stoffen und historischen Waffen.

Am östlichen Stadtrand führt die **Kali-Unda-Brücke** über den Yehunda-Fluss. Sie ist mit 80 m die längste Brücke Balis. Zu ihren beiden Seiten befinden sich die zwei nach Geschlechtern getrennten Flußbadestellen der Stadtbewohner. Hinter der Brücke lagen einst zwei Dörfer, die der Lavastrom des Gunung Agung 1963 vollständig vernichtete.

Kamasan

Von Klungkung bzw. Semarapura aus bietet sich für Kunstfreunde ein Besuch im 2 km südlich gelegenen Dorf Kamasan an, vor allem, wenn man sich für **balinesische Malerei** interessiert. Hier wird der regionaltypische Klungkung- oder Wayang-Stil gepflegt. Er stellt Motive flächig und im silhouettenartigen Profil dar, meist in Naturfarben. So wirken die Malereien ähnlich wie die Stabpuppen des Wayang kulit.

i Praktische Hinweise

Information

Dinas Pariwisata/Klungkung Government Tourist Office, Jl. Untung Surapati 3 (im Museum Daerah Semarapura), Klungkung/Semarapura, Tel. 03 66/214 48, www.klungkungkab.go.id

Hotel

Loji Ramayana, Jl. Diponegoro, Klungkung/Semarapura, Tel. 03 66/210 44. Kleines, freundliches Hotel im Osten der Stadt mit Gästezimmern um einen Hof.

29 Nusa Penida

Taucherfreuden vor einsamer Insel.

Trocken und karg präsentiert sich die Kalkstein-Insel Penida rund 12 km vor der Küste. Der frühere Raja von Klungkung nutzte das wenig fruchtbare Eiland als Verbannungsort. Deshalb hängt Nusa Penida der Ruf nach, von Dämonen und bösen Geistern bevölkert zu sein. Aber davon wollen die wenigen Einwohner nichts wissen. Sie ernähren sich redlich von Fischfang und zunehmend auch von Tourismus. Denn immer mehr erfahrene Taucher entdecken die bunte **Unterwasserwelt** am Saumriff der Nordküste.

Auch zwei kleinere nordwestliche Nachbarinseln, **Nusa Ceningan** und vor allem **Nusa Lembongan**, sind durch artenreiche Korallenriffe geschützt.

Ein Tag auf Nusa Penida

Sehr schön ist eine Tageswanderung über Nusa Penida. Besucher setzen am besten von Kusamba (10 km westlich von Padan Bai) auf Bali aus früh am Morgen nach Toya Pakeh oder Sampalan über (ca. 45 Min. mit einem motorbetriebenen *Jungkung*; Frachtboote brauchen etwa 3 Std.). Auch von Sanur aus ist die Fahrt mit einem bunt bemalten Jungkung möglich, dauert aber doppelt so lange.

Etwas östlich von Toya Pakeh ist die Tempelanlage **Pura Ped** einen kurzen Besuch wert. Man kann aber auch mit einem Führer die erfrischend kühle Tropfsteinhöhle **Goa Karangsari** beim gleichnamigen Dorf im Osten der Insel erkunden. Mehrere Pisten führen auf den flachen Gipfel des **Gunung Mundi**, mit 529 m die höchste Erhebung von Nusa Penida. Oben liegen einem die Insel und das Meer zu Füßen. Besonders schön ist der Blick auf die grüne Küste Balis, überragt von den markanten Bergspitzen des Gunung Agung.

i Praktische Hinweise

Hotel

Waka Nusa Resort, Tanjung Sanghyang Bay, Nusa Lembongan, Tel. 03 66/72 36 39, www.wakaexperience.com. Zehn komfortable Luxus-Bungalows in traditionellem Stil am Strand, inlands schöner Garten mit Swimmingpool.

30 Goa Lawah

Unzählige Fledermäuse hängen kopfüber an der Decke des Höhlenheiligtums.

Auf halbem Weg zwischen den kleinen Häfen Kusamba (Jungkungs nach Nusa Penida und Nusa Lembongan) und Padang Bai liegt landeinwärts, direkt an der Küstenstraße, das hinduistische Heiligtum Goa Lawah (tgl. 8– 18 Uhr), die **Fledermaushöhle**. Schon am ausladenden Banyak-Baum vor dem Höhleneingang nimmt das menschliche Ohr feine, schrille Töne wahr, die anfangs an leichtes

Ohrensausen erinnern. Wenn nach nur wenigen Schritten der Geruch tierischer Ausscheidungen in die Nase dringt ist klar, dass in dieser Höhle tatsächlich die namengebenden Fledermäuse wohnen. Zu Abertausenden drängen sie sich tagsüber an der Decke der niedrigen Höhle (Betreten verboten!).

Gerade noch vom überhängenden Höhlendach beschattet, stehen neben dem Eingang drei kleine **Meruh**, an denen Gläubige opfern. Seit seiner Errichtung im 11. Jh. wird dieser Tempel mit Basuki und Antaboga, den beiden mythischen Naga-Schlangen, in Verbindung gebracht. Diese Vorstellung mag durch reale Schlangen unterstützt werden, die in der kilometertiefen Höhle leben sollen. Angeblich ziehen sich die Höhlengänge durch den Gunung Agung bis zum Muttertempel Besakih [Nr. 36] hinauf und bilden damit die Verbindung zwischen Ober- und Unterwelt.

Am schwarzen Lavastrand gegenüber von Goa Lawah gewinnen einige Familien Salz, indem sie auf großen Plastikplanen Meerwasser in der Sonne verdunsten lassen. Im Übrigen lässt die üppige Vegetation nicht mehr vermuten, dass ihre Regeneration nach dem Vulkanausbruch von 1963 jahrzehntelang dauerte.

31 Padang Bai

Gemächliches Dorfleben am Rande der perfekten, hellsandigen Bucht.

Bekannt ist Padang Bai vor allem als Fährhafen nach Lombok. Allerdings bleiben viele Individualreisende gerne einige Tage hier, wenn sie erst einmal den schönen **Strand** der sanft geschwungenen Bucht sehen, auf den tagsüber die Fischer ihre bunt bemalten Jungkungs ziehen. Von November bis Februar ankern auch immer wieder große Kreuzfahrtschiffe in der makellosen Bucht. Das touristische Angebot stellte sich mit Souvenirshops, Touranbietern, kleinen Restaurants und überwiegend günstigen Unterkünften schnell darauf ein und ließ das Dorf in den letzten Jahren erheblich wachsen.

Sehenswürdigkeiten gibt es in Padang Bay nicht viele. Bei dem kleinen **Pura Silayukti** im Norden soll im 11. Jh. der legendäre Mönch Empu Kuturan gelebt und gewirkt haben. Und auf halbem Weg nach Candi Dasa bietet an der Küste die **Laguna biru** [s. S. 65] einen interessanten Tauchgrund mit Korallenfeld und tief abfallender Steilwand.

Jenseits des modernen Fährhafens schließt sich der **Pantai Kecil** an. Dieser ›Kleine Strand‹ ist womöglich noch schöner als Padang Bai selbst. Auch weiter westlich reiht sich eine kleine, hübsche Bucht an die andere. Sie sind aber oft nur zu Fuß oder mit dem Boot zu erreichen.

i Praktische Hinweise

Hotel

Zahlreiche, meist einfache Unterkünfte zwischen Fährhafen und Perama-Station.

Puri Rai, Jl. Silayukti 7X, Padang Bai, Tel. 03 61/852 85 21, www.puriraihotel.com. 30 Bungalow-Zimmer, manche mit Ventilator; Swimmingpool im Garten.

Sport

Die Tauchschule/Diving Groove, Jl. Silayukti, Padang Bai, Tel. 08 12/398 97 46, www.tauchschulebali.de. PADI-Tauchschule unter deutscher Leitung.

Water Worx Dive Center, Jl. Silayukti, Padang Bai, Tel. 03 63/412 20, www.waterworxbali.com. Etablierte Tauchbasis zweier deutscher Brüder. Resort anbei.

32 Candi Dasa

Tauchparadies und wiedererstandenes Tourismuszentrum des Ostens.

Lange Zeit schützte ein vorgelagertes Korallenriff die kleine Lagune von Candi

Balinesische Kinder sind Fremden gegenüber meist sehr aufgeschlossen

Bunt bemalte Jungkungs setzen Farbakzente am schönen Strand von Padang Bai

Dasa. In der zweiten Hälfte des 20. Jh. zogen die feinen, hellen Sandstrände der Region immer mehr Touristen an, entlang der Küstenstraße entstanden zahlreiche Hotels und Losmen, und das Fischerdorf entwickelte sich zur touristischen Drehscheibe in Balis Osten. Aber in den 1980er-Jahren zerstörten Dynamitfischerei und Sprengungen zur Kalkgewinnung innerhalb weniger Jahre die schützenden Korallenriffe. In der Folge brandete das Meer ungehemmt an den Strand und schwemmte den Sand fort. Seit das Problem erkannt ist, wird versucht mit Wellenbrechern, weit ins Meer hinausreichenden Molen und Sandaufschüttungen an der Küste die Sünden der Vergangenheit auszugleichen. Trotzdem reihen sich in Candi Dasa selbst lediglich kleinere sandige Küstenabschnitte aneinander. Erst außerhalb des ausgedehnten Dorfes sind natürliche schöne Sandstrände anzutreffen. Westlich von Candi Dasa finden sich recht viele Resorts, die sich mittlerweile über die Ortsteile Senkidu und Mendira bis ins 5 km entfernte Buitan hinziehen.

In Candi Dasa häufen sich Hotels, Restaurants, Geschäfte und einige Tauchschulen, denn immer mehr Taucher und Schnorchler entdecken die bunte artenreiche **Unterwasserwelt** an den Riffabschnitten zwischen der Küste und den vorgelagerten Inseln **Nusa Lembongan** und **Nusa Penida** [Nr. 29]. Bekannt ist etwa die **Laguna biru**, die ›blaue Lagune‹, im Westen Richtung Padang Bai. Wegen der starken Strömung sollte man vorsichtig sein und sich an die Anweisungen der Bootsführer halten. Gleiches gilt für Ausflüge zu den kleinen küstennahen Felsinseln **Gili Tepekong, Gili Biaha** und **Gili Mimpang**, an deren Unterwasserhängen sich Barrakudas, Thunfische, Riffhaie und Mantas tummeln. 20 Autominuten östlich von Candi Dasa lockt der Strand **Pasir putih**, was ›weißer Sand‹ bedeutet.

Attraktiv ist auch das hügelige **Hinterland**, in dem Bachtäler und kleine Kare bergan führen. Am besten lässt man sich von einem Führer durch die hohen Wälder begleiten. Candi Dasa heißt wörtlich ›Ort der zehn Tempel‹. Nicht mitgerechnet sind da wohl die vielen Bergschreine, die immer wieder aus dem Halbdämmer des Waldes auftauchen. In Lichtungen oder von Hängen blickt man oft weit über die Südostküste Balis.

Praktische Hinweise

Hotels

******Candi Beach Cottage**, Mendira Beach, Sengkidu (2 km westl. von Candi Dasa), Tel. 03 63/412 34, www.candibeachbali.com. Schickes ruhiges Hotel. Hauseigener Strand, Tennis, Bar, Restaurant. Kostenloses Shuttle nach Candi Dasa.

*** **Taman Air** (Watergarden), Jl. Raya Candi Dasa, Candi Dasa, Tel. 03 63/415 40, www.watergardenhotel.com. Elf lauschige, an den Hang gebaute Bungalows.

❀❀❀ **Kubu Bali**, Candi Dasa, Tel. 03 63/415 32, www.kububali.com. 20 luftige stilvolle Bambus-Bungalows verteilen sich großzügig im Garten am terrassierten Hang. Schöne Ausblicke über die Küste. Pool mit künstlicher Grotte.

❀❀ **Ashyana Candidasa Resort**, Jl. Raya Candi Dasa, Candi Dasa, Tel. 03 63/415 39, www.ashyanacandidasa.com. Einfachere Bungalows am Weststrand.

Balina Beach & Diving Resort, Pantai Buitan, Manggis, Tel. 03 63/421 64. Ruhig gelegene, komfortable Bungalow-Zimmer am Strand im Westen. Wassersport-Zentrum, Auto-/Motorradverleih.

Kelapa Mas Homestay, Candi Dasa, Tel. 03 63/413 69, www.kelapamascandidasa.com. 22 Zimmer im traditionellen Stil in einem schönen Kokospalmen-Garten am Meer mitten im Ort.

Restaurants

Kubu Bali, Candi Dasa, Tel. 03 63/415 32, www.kububali.com. Hotelrestaurant, bekannt für seine Meeresfrüchte.

Murni's Café, Candi Dasa, Tel. 03 63/410 45. Sehr gute einheimische Küche, etwa Fisch in Bananenblatt geschmort.

Toke Café, Jl. Raya, Candi Dasa, Tel. 03 63/419 91. Bekannt und gut. Patron I Komang Bendi serviert Seafood, Pizza und Nasi. Häufig live Gamelanmusik.

Vincent's, Jl. Raya (im Osten nahe der Lagune), Candi Dasa, Tel. 03 63/413 68, www.vincentsbali.com. Internationale Speise- und Weinkarte. Lässig-elegant, mit balinesischer Kunst und westlicher Musik. Jeden 1. Do im Monat Live-Jazz.

Sport

Bali Bubbles Divecenter, Jl. Raya Candi Dasa, Candi Dasa, Tel. 03 61/923 08 00, www.bali-bubbles.com. Tauchkurse und -ausflüge des niederländischen Besitzers.

Sub Ocean Bali Divers, Jl. Senkidu (im Rama Resort, nahe Abzweig nach Tulamben), Candi Dasa, Tel. 03 63/414 11, www.suboceanbali.com. Komfortable, niederländisch geführte PADI-Tauchschule.

Blut für die Götter

In Tenganan ebenso wie in allen anderen Dörfern und Orten auf Bali sieht man am Straßenrand und in den Gehöften prächtige, oft grellbunt gefärbte Hähne unter bienenkorbförmigen Bambuskäfigen. Diese eigens gezüchteten Kampfhähne sind der ganze Stolz ihrer Besitzer. Offiziell ist der **Hahnenkampf** verboten. Aber als **rituelles Blutopfer** (*Tabu rah*) für das Gleichgewicht zwischen den positiven (*Dewa*) und den negativen Mächten (*Bhutakala*) ist er für Balinesen nach wie vor von großer Bedeutung für die Stabilität des Kosmos.

Überdies hat die Regierung beim Verbot des Kampfes ihre Rechnung ohne die **Wettleidenschaft** der Balinesen gemacht. Nach wie vor finden in den Dörfern und Kampungs Hahnenkämpfe statt, oft auch mit blutigem Ausgang. Nicht selten verwetten die ausschließlich männlichen Zuschauer dabei Haus und Hof – im wahrsten Sinne des Wortes. Das Schicksal des unterlegenen Hahns ist in jedem Fall besiegelt, denn selbst wenn er den Kampfplatz lebendig verlässt, fällt er doch dem Besitzer (*Pekembar*) des siegreichen Tieres zu und bereichert in der Folge dessen Speiseplan.

Mit viel Sorgfalt und Geschick stellen die Bali Aga traditionelle Palmblatt-›Bücher‹ her

33 Tenganan

Ungewöhnliche Architektur und Sozialstruktur in Bali-Aga-Dorf.

Wenige Kilometer westlich von Candi Dasa führt eine etwa 3 km lange Stichstraße nach Norden vor das Tor von Tenganan. Bretterbuden und Verkaufsverschläge säumen den viereckigen Platz vor dem Eingangstor. Anders als sonst auf Bali haben die hier lebenden **Bali Aga** ihr Dorf mit einem Palisadenzaun umgeben. ›Bali Aga‹ bedeutet ›die alten Balinesen‹ und bezeichnet die vorhinduistische Bevölkerung Balis. Sie blieben über Jahrhunderte hindurch für sich, heirateten untereinander und bewahrten ihre Traditionen. In Terunyan [Nr.44] und Tenganan haben sich Reste dieser Bali Aga-Bevölkerung erhalten. Sie gelten als vermögend, verpachten ihre Felder und verrichten selbst – soweit möglich – keine schwere körperliche Arbeit.

Um in das Dorf zu gelangen, zahlen ausländische Besucher Eintritt. In Hausbau und Anlage unterscheidet sich Tenganan von anderen balinesischen Orten. Zum einen sind die Häuser aus Stein errichtet und schotten sich so auch gegen die Nachbarn ab. Zum anderen sind sie einzeilig zu beiden Seiten einer grob mit Steinplatten gepflasterten Hauptstraße erbaut. Diese verläuft in der Achse vom Meer zum göttlichen Berg Gunung Agung. Am oberen Dorfende mündet der zentrale Weg in den großen Grasplatz vor der öffentlichen Schule. Dieses Gebäude ist ein Zugeständnis am die Moderne, das die Bali Aga dem indonesischen Staat schon im eigenen Interesse machen mussten.

Entlang der Hauptstraße demonstrieren an einfachen Tischen junge Männer die Kunst der **Lontar-Herstellung**. Dazu werden getrocknete Palmblätter eingeritzt, die Schnitte mit Muskatnuss gefärbt und die so entstandenen länglichen ›Seiten‹ schließlich zwischen zwei Bambusrohrhälften aufgefädelt. Diese Buchäquivalente enthalten traditionellerweise Geschichten aus dem Ramayana bzw. Mahabarata, es sind Wedatexte, medizinische Anleitungen oder philosophische Überlegungen. Fertige Manuskripte kann man hier vor Ort kaufen.

In Tenganan heißen die zurückhaltenden Bali Aga ausländische Besucher willkommen

Panoramablick von der Anhöhe bei Tirta Gangga über das sattgrüne Umland

Neben den offenen Türen vieler Steinhäuser fordern Schilder die Besucher zum Eintreten auf. Man kann zum Teil die Häuser besichtigen, bevor man im ersten Innenhof auf die Verkaufsausstellung von Webarbeiten stößt. Tenganan ist berühmt für seine **Ikat-Weberei**. Nur hier stellt man kunstvolle Geringsing-Stoffe im aufwändigen Doppel-Ikat-Verfahren her, bei dem Schuss- und Kettfäden vor dem Verweben eingefärbt werden. Ein solches Tuch soll magische Kräfte besitzen und ist über Balis Grenzen hinaus sehr begehrt. Kein Wunder, wenn man bedenkt, dass eine Frau mehrere Jahre benötigt, um in dieser Art ein kompliziertes Muster von Hand zu weben. Die gelungensten Stücke dienen zeremoniellen Zwecken, nur sehr wenige echte *Kamben geringsing* gelangen in den Verkauf. Ihr Preis ist enorm hoch.

Eine weitere Besonderheit der Bali Aga von Tenganan ist das jährliche Fest **Usaba sambah** im fünften Mondmonat. Höhepunkte sind die *Makare-Kare-Kämpfe*, bei denen zwei junge Männer mit dornigen Pflanzenblättern aufeinander einschlagen, geschützt jeweils nur durch einen kleinen runden Schild aus Palmbast und Büffelhaut. Dass Blut fließt, ist beabsichtigt, denn damit sollen die Götter wohlwollend gestimmt werden. Heutzutage sind Besucher zugelassen. Sie sollten sich aber dezent benehmen und möglichst im Hintergrund bleiben.

34 Amlapura

Einst Hauptstadt eines mächtigen Reiches mit Wasserschloss anbei.

Bis zum Ausbruch des Gunung Agung im Jahr 1963 hieß Amlapura noch Karangasem (s. u.), und bis ins 19. Jh. und war sie Hauptstadt des gleichnamigen Fürsten-

Noch die Ruinen zeugen von der einstigen Pracht des Wasserschlosses von Ujung

tums. Das Reich von Karangasem bestand seit dem 17. Jh. und war zeitweilig das mächtigste der ganzen Insel. Entsprechend prachtvoll war seine Kapitale, wie die Paläste **Puri Gede** (Puri Agung Karangasem) und **Puri Kertasura** noch heute erkennen lassen. Puri Gede, der Fürstenpalast nördlich der Stadtmitte, ist zwar etwas baufällig, zeigt aber in Aufbau und Architektur deutlich den hier begründeten, stark strukturierten Karangasem-Baustil.

Gegenüber liegt der Königspalast **Puri Kanginan** aus dem 20. Jh. Er zeigt ebenfalls Spuren beginnenden Verfalls, was besonders schade ist angesicht der interessanten architektonischen Mischung aus balinesischen, chinesischen und europäisch-niederländischen Elementen. Lediglich der vordere Teil der Anlage ist zu besichtigen. Als im 19. Jh. die Niederländer einmarschierten, unterwarf sich der Raja von Karangasem und behielt daher seinen Titel. Aber man mutmaßt, dass er dadurch den Zorn der Götter auf sich und sein Land zog. Jedenfalls zerstörte 1963 der Ausbruch des Gunung Agung weite Teile der Stadt und verwüstete die Region. Zur Besänftigung der Götter und zur Irreführung der Dämonen benannten nach diesem Unglück die Bewohner ihre Stadt in Amlapura um. Es scheint funktioniert zu haben, denn heute ist Amlapura wieder ein blühendes Handelszentrum.

Taman Ujung

Fürst Anak Agung Gede Jelantik und sein Sohn A. A. Anglurah Ketut, der letzte Raja von Karangasem, ließen 1919–21 beim Dorf Tumbu rund 5 km südöstlich ihrer Hauptstadt das Wasserschloss **Taman Ujung** (tgl. 8–17 Uhr) errichten. Der Landsitz überstand die Zeit und den Ausbruch des Gunung Agung 1963 sowie ein späteres Erdbeben nicht unversehrt. In den Reisfeldern erinnern Ruinen an die vergangene Pracht. Daneben wurden Teile des Wasserschlosses wieder aufgebaut. Die beste **Aussicht** über die liebliche Szenerie hat man von der Anhöhe mit der Warak-Statue (Nashorn).

i Praktische Hinweise

Information

Dinas Pariwisata/Karangasem Government Culture & Tourist Office, Jl. Diponegoro, Amlapura, Tel. 03 63/211 96, www.karangasemkab.go.id

1948 errichtete der letzte Raja von Karangasem die reizende Badestätte Tirta Gangga

35 Tirta Gangga

TOP TIPP *Die einstige königliche Sommerfrische dient heute als Freibad.*

Die Vorliebe von A.A. Anglurah Ketut, dem letzten Raja von Karangasem [s. S. 69], für das kühle Nass führte 1948 zum Bau der herrlichen Bade- und Palastanlage von Tirta Gangga (tgl. 7–18 Uhr). Etwa 5 km nördlich von Amlapura kündigt nach dem Dorf Padangkerta links ein einfacher weißer Torbogen den Eingang an. In grüne Reisfelder eingebettet und von einem steilen Hügel überragt, liegen hier mehrere offene Palastgebäude sowie drei große steinerne Wasserbecken in einer gepflegten Parklandschaft.

Fantasievoll gestaltete Wasserspeier spenden Ströme von frischem, kaltem Quellwasser. Im ersten Bassin planschen oft Kinder, aber eigentlich ist nur das zweite, hintere Becken für Gäste zum Baden freigegeben. Das Bad (mit Umkleidekabinen) kostet zwar extra Eintritt, aber das Wasser ist so herrlich klar und kühl, dass man sich diese Erholung nicht versagen sollte.

Vor der Anlage bieten mehrere kleine Warungs Erfrischungen und Snacks an. Besonders schön ist es, der Straße etwa 200 m hügelaufwärts zu folgen und nach der großen Rechtskurve linker Hand die Stufen hinaufzusteigen. Knapp unterhalb der Hügelkuppe gelangt man an ein Restaurant-Hotel (s. u.). Von seiner Terrasse genießt man einen wunderschönen **Ausblick** auf das Umland und auf Tirta Gangga, der reichlich für den schweißtreibenden Aufstieg entschädigt.

i Praktische Hinweise

Hotel

Kusumajaya Inn, Unterkunft und Restaurant auf dem Hügel über Tirta Gangga, Tel. 03 63/212 50. Reizende Anlage ohne großen Komfort, aber mit unverstellter, aufregend weiter Fernsicht.

36 Besakih und Gunung Agung

Wichtigstes Hindu-Heiligtum der Insel am Hang des heiligen Berges.

Über 250 ha und sieben Terrassen erstreckt sich die **Tempelanlage** von Besakih in knapp 1000 m Höhe am Südhang des heiligen Gunung Agung (3142 m). Jede balinesische Familie, jede Sippe hat hier ihren eigenen Schrein, dazu kommen die Tempel der Kasten, Fürstenhäuser und Berufsgilden. Als Zentrum der religiösen Verehrung auf Bali verdient Besakih seinen Ehrennamen **Muttertempel**. Den ersten Schrein soll hier im 8. Jh. der Mönch Dang Huang Markadeya errichtet haben. Weitere Bauten folgten und im 14. Jh. galt Besakih den Fürsten von Gelgel bereits als Staatsheiligtum.

Einmal im balinesischen Jahreslauf steigen zum **Bhatara Turun Kabeh-Fest** alle Götter vom Gunung Agung herab und wohnen in ihren Schreinen in Besakih. Zu dieser Zeit kommen die Gläubigen zu Tausenden von der ganzen Insel beim Muttertempel zusammen, um kunstvoll aufgeschichtete, farbenprächtige Opfergaben darzubringen und zu beten. Tatsächlich scheinen die Götter ihre wichtigste Wohnstatt auf Bali zu schützen. Als 1963 der Gunung Agung mit verheerender Gewalt ausbrach, nahm einer der Lavaströme seinen Weg direkt auf Besakih zu. Doch kurz bevor er die obersten Tempel des Heiligtums erreichte, trennte sich die glühende Flut und floss rechts und links um Besakih herum. Die Anlage blieb im Wesentlichen unversehrt.

Die Straße von Klungkung/Semarapura nach Besakih hinauf ist anfangs recht gut. Es gibt sogar einige Parkbuchten, von denen aus man weit in die Ebene und über das Meer sehen kann. Nach dem ersten Mautposten aber, wenn links der Weg nach Kintamani abzweigt, häufen sich die Schlaglöcher.

Vor dem Eingang zum **Tempelgelände** von Besakih (tgl. 8–17 Uhr, extra Entgelt für Videokamera) erstreckt sich ein großer Parkplatz, dann geht es nur zu Fuß weiter. Hinter dem Kassenhäuschen warten Scharen von Führern. Es besteht weder Verpflichtung noch Notwendigkeit, einen zu engagieren, stimmt man jedoch

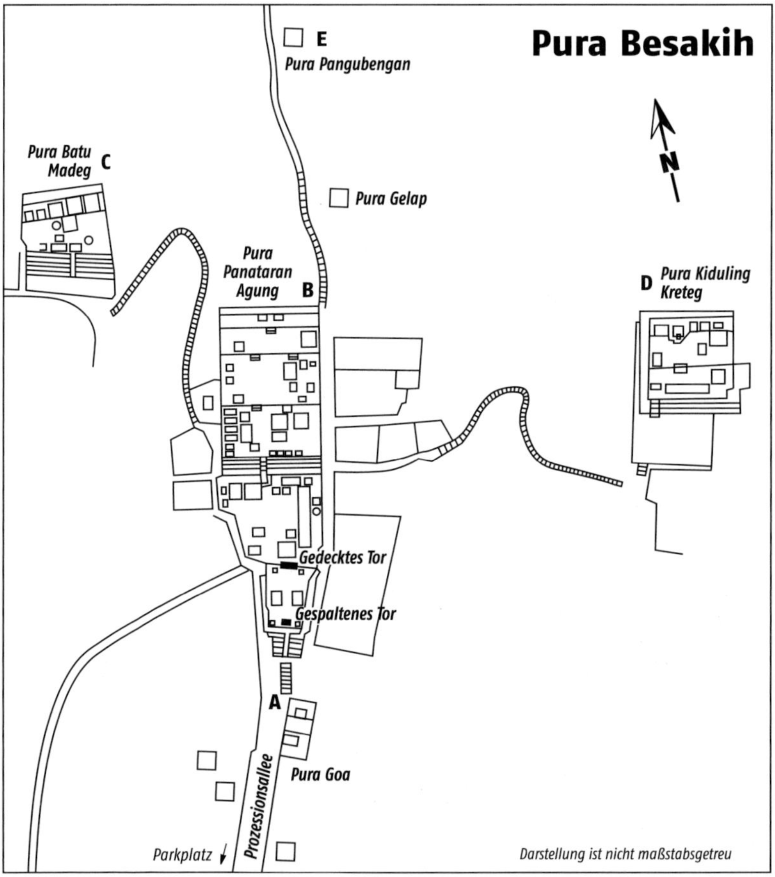

zu, muss man unbedingt vorher einen Preis aushandeln. Anders als sonst auf Bali können diese Männer in Besakih am Ende des Rundgangs sonst sehr grob werden. Es wird empfohlen, sich nur offiziellen Führern anzuvertrauen. Diese tragen entsprechende Abzeichen an ihren schwarz-weiß karierten Hemden.

Stetig verläuft der zunächst breite, mit Steinplatten gepflasterte Weg bergan. Er wird an Festtagen als **Prozessionsallee** [A] genutzt und führt direkt auf den zentralen **Pura Panataran Agung** [B] zu. Dieser ist Shiva geweiht, als dessen Farbe Weiß gilt. Dieser ›Große Staatstempel‹ besteht aus vielen Einzelbauten, aus Türmen, Hallen und Opferplätzen. Zusammen mit den beiden Nachbartempeln steht er für die göttliche Dreieinigkeit Trimurti: Die westliche Anlage des **Pura Batu Madeg** [C] mit den schwarzen Umbul-Fahnen ist Wishnu zugeordnet, in dem rot geschmückten **Pura Kiduling Kreteg** [D] im Osten wird Brahma verehrt.

Zwischen diesen drei Tempelkomplexen teilt sich der Weg und führt beidseits über diverse Höfe weiter bergan. Der Zugang zu den Heiligtümern ist Andersgläubigen untersagt, aber über die oft nur hüfthohen Mauern sind viele der Vorhöfe und offenen Schreine gut zu überblicken. Je höher man kommt, desto weiter schweift der Blick über die bewegte Turm- und Dachlandschaft der Anlage und über das sich südlich ausbreitende grüne Tiefland.

Oberhalb des ausgedehnten Pura Panataran Agung vereinen sich die Wege wieder. Ein schmalerer Steig führt weiter bergan, an Warungs vorbei bis zum ganz oben gelegenen **Pura Pangubengan** [E]. Zwei steinerne Naga, Verkörperungen

Ein Wald von Türmen – stolz und elegant erheben sich die zahlreichen Meruh von Besakih

Meist geheimnisvoll in Wolken gehüllt ist der Vulkan Gunung Agung, Balis Sitz der Götter

mythischer Schlangen, bewachen seinen Aufgang. Zauberhaft ist von hier oben der **Ausblick** über Besakih und das Land ringsum. Direkt unterhalb erstreckt sich die Tempelanlage, die palmblattgedeckten Spitzdächer unzähliger Meruh ragen auf und bunte Umbul-Fahnen flattern im Wind. Weiter unten breitet sich Klungkung aus, dahinter verschmilzt das Meer mit dem Horizont.

TOP TIPP

Für den Aufstieg sollte man genügend Zeit einplanen, denn der Weg in der Hitze ist anstrengend. Unterwegs bieten fliegende Händler gekühlte Getränke und Wasser an.

i Praktische Hinweise

Restaurant

Greenhills/Bukit Jambul, Jl. Besakih (auf halbem Weg zwischen Klungkung/Semarapura und Besakih), nahe Gembalan, Tel. 03 61/353 70. Großes Restaurant mit 500 Plätzen. Die grandiose Fernsicht macht den Stopp geradezu zu einem Muss. Kulinarischer Höhepunkt ist Gurami goreng, gegrillter Süßwasserfisch.

Aufstieg auf den Vulkan Gunung Agung

Vom Pura Pangubengan in Besakih führt ein Weg weiter bergauf. Er verengt sich immer mehr und erreicht schließlich als ausgetretener Pfad den 3142 m hohen Gipfel des **Gunung Agung.** Man rechnet gut 7 Std. für den Auf-, 5 Std. für den Abstieg. Es gibt keine Schutzhütten für die Übernachtung, die Tour muss also an einem Tag absolviert werden. Diese Wanderung sollte sehr früh am Morgen, am besten noch in der Nacht begonnen werden. Bergsteigerisch ist keine ausgeprägte Erfahrung nötig, wohl aber Kondition, gute Ausrüstung und ein geländekundiger Führer.

Statt über Besakih führt eine zweite Route von Süden auf den heiligen Berg. Sie beginnt in dem Dorf **Sebudi**, und dieser Aufstieg soll ganze 2 Std. kürzer sein. Sebudi hat sich auf seine Rolle als Basislager eingestellt und bietet Gipfelstürmern alles Nötige von Ausrüstung bis Führer. Weitere mögliche Ausgangspunkte für eine Vulkanbesteigung sind die Dörfer Selat, Dukuh, Tirtagangga und Ahabi.

Der Norden – Wassersport und schwarzer Sand

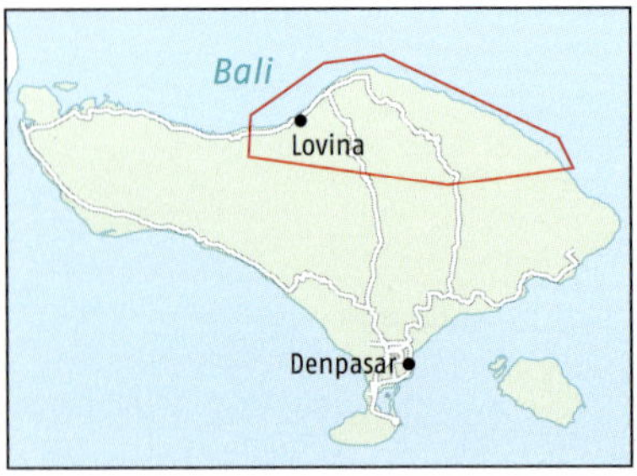

Einer der bekanntesten Tauchspots Balis liegt vor **Tulamben**, wo ein Riff und ein Schiffswrack zur Unterwassererkundung einladen. Urbanes Zentrum des Nordens ist die alte Hauptstadt **Singaraja**. In ihrem Westen erstrecken sich die schwarzsandigen Vulkanstrände von **Lovina**. Das hiesige Freizeitangebot beinhaltet Wassersport, Delphinbeobachtungen und Wanderungen ins reizvolle grüne bergige Hinterland. Fernab der Küste liegen sehenswerte Dörfer und Heiligtümer wie die Tempel **Ulun Danu Batur** und **Ulun Danu Bratan** zwischen gleichnamigen Seen und Vulkanen. Die Ausblicke sind zum Teil atemberaubend schön. Auch die beiden kleineren Seen **Buyan** und **Tamblingan** lohnen wegen ihrer malerischen Umgebung mit terrassierten Gewürzplantagen einen Besuch.

37 Tulamben

TOP TIPP *Riff- und Wracktauchen in Begleitung von Doktorfischen und Schwarzspitzenriffhaien.*

Tulamben ist, wie die gesamte Küste vom 30 km südlich gelegenen Amed herauf, als guter Tauchgrund bekannt. Dabei wurde das Dorf an der Nordostküste erst gegen Ende des 20. Jh. für den Tourismus erschlossen. Dabei halfen seine Korallengärten sowie vor allem das Wrack der **U.S.S. Liberty**. Das 120 m lange Handelsschiff war 1942 vor der Küste auf ein Riff gelaufen und gesunken. Heute ist es in zwei Teile zerbrochen und mit Seeanemonen, Korallen und Schwämmen bedeckt – auch für Anfänger ein empfehlenswerter Tauchgang und besonders aufregend bei Nacht.

Wer nicht taucht oder schnorchelt, findet in Tulamben kaum Abwechslung. Die meisten Häuser, Losmen, Hotels und Dive Centers gruppieren sich lose um die Stichstraße zum Meer. Der **Strand** mit den großen schwarzen Kieseln ist zwar sehr schön anzuschauen, aber Laufen und Liegen fällt auf den Steinen schwer. Die dunkle Farbe absorbiert überdies schon früh die Tageshitze, was bereits an

Jeder fängt mal klein an – auch in Tulamben lernt man Tauchen erst im Pool

späten Sommervormittagen einen ungeschützten Aufenthalt am Meeresufer unmöglich macht. Stellenweise sieht man im tropischen Grün um Tulamben noch grau-schwarze Lavaflächen und -felsen, die an den Vulkanausbruch von 1963 erinnern.

i Praktische Hinweise

Hotels

Alam Anda, Sambirenteng, Tejakula (auf halbem Weg zwischen Culik und Tulamben), Tel. 08124/656485, in Deutschland Tel. 04105/690936, www.alam-anda.de. Dive & Spa Resort am Strand unter deutscher Leitung. Ausrüstungsverleih.

*****Emerald Tulamben Resort & Spa**, Tulamben, Tel. 0363/22925, www.tulambenbali.com. 2012 neu eröffnetes schickes Strandhotel, auf Taucher eingerichtet. Wie fast alle Hotels vor Ort mit Dive Center.

Sport

Aqua Dive Paradise, Jl. Raya Amlapura (im Liberty Dive Resort), Tulamben, Tel. 0362/23347, www.libertydiveresort.com. Nah beim Wrack. Tag- und Nachttauchgänge, Kurse in Unterwasserfotografie.

Dive Concepts, Tulamben Resort (neben Puri Aries Hotel), Tulamben, Tel. 0812/368/45440. PADI, Schnorcheln und diverse Spezialkurse. Inselweit vertreten.

38 Kubutambahan

Fruchtbarkeitstempel mit dem meistfotografierten Fahrradfahrer Balis in einem Seitenfries.

Der **Pura Meduwe Karang** in Kubutambahan ist ein dem Fruchtbarkeit spendenden Erdgott geweihtes Heiligtum und als solches von zentraler Bedeutung. Man sagt, er stehe unterirdisch mit dem Muttertempel Besakih in Verbindung.

Prächtig genug sieht der auf Stufen erhöhte Tempel aus. Die Höfe sind nicht hintereinander angeordnet, sondern ineinander verschachtelt, d.h. der größte Hof umschließt den nächstkleineren – eine auf Bali ungewöhnliche Anordnung. Wie die meisten Tempel des Nordens ist der Pura Meduwe Karang über und über mit Steinmetzarbeiten verziert. Der hier gepflegte Stil wird auch ›balinesischer Barock‹ genannt.

Zu Berühmtheit gelangte das **Relief** eines **Fahrrad fahrenden Balinesen** an der nördlichen Seite des Hauptschreins. Das Original von 1904 zeigte noch einen Europäer, wurde aber während eines Erdbebens 1917 zerstört. Bei der Restaurierung erhielt der Radler sein balinesisches Aussehen und die Räder ihre Blütenform. Die Inspiration zu dieser Darstellung soll von dem niederländischen Ethnologen Wijnand Otto Jan Nieuwenkamp (1874–1950) ausgegangen sein, der um 1904 Bali mit dem Fahrrad bereiste. Dieses bis dato hier unbekannte Gefährt faszinierte die Balinesen derart, dass sie es auf den Tempelmauern verewigten.

Schon am Kassentisch in der offenen Gamelanhalle fangen kleine Jungen Besucher ab. Mit den Rufen ›Bicycle, bicycle!‹ wollen sie sofort die Führung zu dem bekannten Fries übernehmen. Der Radfahrer ist hübsch anzuschauen, zumal ihm meist eine frische Frangipani-Blüte hinter das steinerne Ohr gesteckt wird. Auch die anderen Reliefs sind detailreich und sehr sehenswert. Da sieht man blühende Landschaften, Reisbauern bei der Arbeit sowie – immerhin handelt es sich um einen Fruchtbarkeitstempel – erotische Szenen, fantasievoll ausgeschmückt und zugleich sehr realistisch.

39 Sangsit

Wichtiger Fruchtbarkeitstempel zu Ehren der Reisgöttin.

Das Dorf Sangsit, 4 km östlich von Singaraja, besitzt mehrere Tempel, darunter mit dem **Pura Beji** einen der bedeutendsten Nordbalis. Wie viele Tempel der Region ist er der Fruchtbarkeitsgöttin Sri Dewi geweiht. Das kleine Heiligtum liegt rechts an einer schmalen, vom Dorfkern nordwärts führenden Straße. Einige alte, knorrige Bäume spenden nur kärglichen Schatten, die steinernen Reliefs und Figuren sind teils schon sehr verwittert.

Ein reich verziertes steinernes Tor mit Resten früherer Bemalung führt in die Höfe mit einem Haupt- und zwei Seitentempeln. Es ist nicht erlaubt, die Stufen des Hauptheiligtums zu betreten, die 5 m nach oben zu einer mit üppigen Schnitzereien verzierten, geschlossenen Holztür führen. Dahinter liegt der Schrein der Göttin, die als Steinfigur über dem Portal thront. Alle ein bis zwei Jahre findet hier eine zweitägige **Bukakak-Zeremonie** zum Dank für Gesundheit und eine gute Ernte statt. Nur zu dieser Gelegenheit holen Priester eine Statue von Sri Dewi aus dem Allerheiligsten hervor und zeigen sie den Gläubigen.

Der berühmteste Radfahrer Balis – Relief am Pura Meduwe Karang in Kubutambahan

›Balinesischer Barock‹ im Norden Balis – hier ein überbordend verzierter Tempel in Sangsit

40 Jagaraga

Totentempel mit modernen Reliefs.

Nur wenig östlich von Sangsit zweigt eine schmale Straße über den Weiler Bungkulmindah südwärts ab. Nach 2 km holpriger Fahrt sind die wenigen Häuser von Jagaraga erreicht. Das verschlafene Dorf lohnte kaum den Abstecher, wäre da nicht am Ortseingang links der **Pura Dalem Jagaraga**, der Totentempel. Er wurde Ende des 19. Jh. erbaut, nachdem sich niederländische Truppen 1849 in der Nähe mit einheimischen Freischärlern Scharmützel geliefert hatten. In diesen Kämpfen war der Vorgänger-Tempel zerstört worden.

Beim Wiederaufbau ließen die Steinmetzen oft auf karikierende Weise ihre schlechten Erfahrungen mit den Holländern einfließen. So zeigt die hüfthohe, schlangengekrönte Umfassungsmauer Reliefs von Autos und Flugzeugen, von bewaffneten, langnasigen Banditen und trinkenden, bärtigen Soldaten. Die Dar-

›Rundäugiger‹ Holländer im Auto – die Tempelreliefs in Jagaraga sind auch karikaturistisch

Gemeinschaftsfahrt im Pick up – balinesische Kasten lassen auch Freiräume zu

Platz in der Gesellschaft

Das balinesische Kastenwesen führte nie zu so strenger sozialer Trennung wie etwa das indische. Trotzdem ist es nach wie vor wichtig, in welche Kaste man geboren wird. Die rund 5% der balinesischen Gesellschaft, die den drei höheren Kasten (Triwangsa) der **Brahmanen**, **Ksatria** und **Waisya** angehören, können oft auf materielle Vorteile und bessere Ausbildung bauen. Entsprechend häufig besetzen sie führende Positionen in Verwaltung, Handel und Tourismus. Sie sind auch an ihren offiziellen Titeln zu erkennen: Anak Agung (A.A.) bzw. weiblich Anak Agung Ayu (A.A.A.) für Brahmanen, Ida Bagus (I.B.) oder Ida Ayu (I.A.) für Ksatria, und Waisya schließlich heißen Gusti Agung bzw. Gusti Ayu (G.A.). Die restlichen 95% der Balinesen gehören zu den **Sudra**, auch **Jaga** genannt.

Durch alle Gesellschaftsschichten erhalten balinesische Kinder zu ihrem eigenen Namen einen, der sich auf ihre Reihenfolge unter den Geschwistern bezieht. Das erste Kind heißt Wayan, Putuh oder Luh, das zweite Made, Kadek oder Nengah, das dritte erhält den Namen Komang oder Nyoman und das vierte Ketut. Beim fünften Kind beginnt man wieder mit Wayan etc. Dieser Brauch erklärt auch, warum man auf Bali so vielen Mades oder Ketuts begegnet.

Die offiziellen Namensteile ›Ni‹ für Frauen und ›I‹ für Männer dienen nur formellen Zwecken; sie sind nicht Bestandteil einer Anrede.

stellungen sind im balinesischen Stil gehalten und nehmen sich neben den bekannten Dämonen- und Wächtergestalten kurios und ungewöhnlich aus.

Im **zweiten Hof** des kleinen Pura Dalem stehen rechts und links zwei bemalte Opfertische. Den einen zieren Abbildungen eines pfeilbewehrten Ardjunas (einer Figur aus dem Mahabarata-Epos) und von Dewi Sinta. Den anderen schmücken Bilder einer eindrucksvollen Dämonenschlacht sowie die Szene aus dem Ramayana, in der Rama und Laksmana den Hirsch jagen.

41 Penulisan

Bedeutendes und höchstgelegenes Bergheiligtum der Insel.

Von Norden kommend, fährt man auf gut ausgebauten Straßen auf Kintamani und den 1717 m hohen Gunung Batur zu. Das Asphaltband schlängelt sich durch Reisfelder, dichtgrünen Wald und kleine Dörfer in die Berge. Es wird deutlich kühler und oft ziehen Nebelschwaden durch den grünen, von Bananenpflanzungen, Mango, Tabak, Hibiskus, Kakao und Kaffee durchsetzten Mischwald. Am Straßenrand wird in vielen kleinen Steinbrüchen von Hand roter Fels abgebaut.

Überraschend macht in einer scharfen Rechtskurve auf einem Pass der dichte Wald einer kleinen, von Warungs und Buden umstandenen Schotterfläche Platz. Hier geht es links zum **Pura Tegeh Kuripan** hinauf. Es scheint, je bedeutender ein Tempel ist, umso höher müssen Besucher hinaufsteigen. So gilt es auch hier, erst einmal die Steintreppe zu überwinden, die von Kiefern und Thujen gerahmt scheinbar unendlich nach oben führt. Immer wieder laden Absätze zu einer kleinen Verschnaufpause ein. Ist man nach 266 Stufen oben am Tempelvorplatz angekommen, öffnet sich ein weiter, schöner **Ausblick**. Über die Baumwipfel hinweg kann man bei schönem Wetter bis zur Küste von Singaraja und zum Danau Bratan sehen. Die Schönheit der Natur stören vier Funkmasten, die hinter schmucklosen Vorratshallen und Steinschreinen sogar die höchsten Gipfel und Wipfel überragen.

Zum Heiligtum geht es vom Vorplatz weitere 67 Stufen hinauf. Hinter den

Tempelmauern sind auf dem flachen Gipfel 19 Meruh errichtet. Als größte Kostbarkeit beherbergen sie mehrere heilige Steinskulpturen, die teilweise bis zu 1000 Jahre alt sein sollen, darunter viele längliche, mit gelben und weißen Schärpen versehene Lingga und Yoni. Diese Steine gelten als Sinnbilder von Männlich und Weiblich. Bei manchen Formen erkennt man deutlich, warum.

Vom Bale gong, dem zentralen Vorplatz, führt rechts ein unbefestigter Pfad an der hinteren Hügelflanke über das Dorf Penulisan zurück ins Tal.

42 Kintamani

Reizvoll am Rand der Kratersenke des Gunung Batur gelegenes Bergdorf.

Proper zieht sich die asphaltierte Straße durch das lang gezogene Dorf. Am nördlichen Ortsende glänzen die Zinkkuppeln der **Al-Mujahirin-Moschee**. Das nach dem letzten großen Ausbruch des Gunung Batur im Jahr 1963 an dieser Stelle am Kraterrand neu gegründete Kintamani gilt als wohlhabend. Ein Grund dafür ist, dass hier bekannt wachsame, treue Kurzhaarhunde gezüchtet werden.

Touristen legen in dem Ort gerne eine Rast ein, um den herrlichen Ausblick auf den mächtigen Kraterkessel zu genießen. Links ragen die beiden Gipfel des **Gunung Batur** auf. An seiner linken Flanke erkennt man deutlich einige schwarzgraue Asche-, Lava- und Geröllflächen, die an stets mögliche Vulkanausbrüche wie den von 1963 gemahnen. Rechts glänzen tief unten die Wasser des Danau Batur. Entlang des Caldera-Randes reihen sich viele Restaurants, von deren Terrassen aus man die prächtige Aussicht bestens genießen kann.

Mitten im Dorf liegt eine wichtige Tempelanlage des balinesischen Nordens. Sie wurde erst 1929 errichtet und zusammengefasst unter dem Namen **Pura Ulun Danu Batur** (auch Ulun Danau Batur). Ihre zahlreichen Bauten gruppieren sich um einen elfstufigen Meruh, der Dewi Danu, der Göttin der Seen und Flüsse, geweiht ist. Vor dem Haupttempel wird Eintritt erhoben und man kann sich eine Schärpe ausleihen. Die rechts daneben liegenden Tempel **Pura Penataran-pande**, **Pura Tulik Biyu Batur** und **Pura Dalem Purwa** werden meist wenig beachtet, obwohl auch ihr Inneres durchaus interessant ist.

Durch ein üppig geschnitztes, goldverziertes Eingangstor betritt man den Tempel. Im zweiten Hof finden sich mehrere reich mit Steinmetzarbeiten geschmückte Häuser sowie ein neunstufiger Meruh, dessen Tür mit schönem Schnitzwerk verziert ist. Weitere solcher

Vom Pura Ulun Danu Batur aus genießt man einen herrlichen Blick in die Berge

Meisterwerke sind in den anschließenden Höfen zu besichtigen. Sie sind aufwändig in Rot und Gold bemalt und werden zum Teil von vorgesetzten Glastüren geschützt, die nur zu den Zeremonien entfernt werden. Auch ansonsten ist der Tempel reich ausgestattet: Bunt bemalte, geflügelte Dämonenfiguren und stilisierte Schlangen bewachen die Schreine. Vom hinteren Rand des Pura bietet sich über die nur brusthohe Umgrenzungsmauer ein herrlicher Panoramablick auf Gunung und Danau Batur.

i Praktische Hinweise

Restaurants

Gunawan, Jl. Raya Penelokan, Kintamani, Tel. 03 66/510 50. Eines der großen Restaurants in bester Lage. Die Aussicht ist großartig, beim Mittagsbuffet viel los.

Suling Bali, Jl. Raya Penelokan, Kintamani, Tel. 03 66/511 71, www.sulingbalirestaurant.com. Großes Ausflugslokal am Kraterrand mit hinreißend schöner Aussicht.

43 Penelokan und Danau Batur

Beliebter Ausflugsort vis-à-vis des Gunung Batur, hoch über dem Danau Batur.

Von Kintamani sind es nur 3 km nach Penelokan, dem touristischen Ziel am Danau Batur. Der Ortsname bedeutet soviel wie ›schöne Aussicht‹ – und deretwegen kommen Besucher hierher. Fahrer von Privatfahrzeugen müssen vor Penelokan eine Maut für die Weiterfahrt entrichten. Von der balustradenbestande-

Festtagsvorbereitungen vor dem prachtvollen Tempel von Kintamani

Bis zu 90 m tief ist der verheißungsvoll blau schimmernde Kratersee des Gunung Batur

TOP TIPP nen Hauptstraße aus ist der **Panoramablick** über **Penelokan** einfach großartig: Der Batursee mit seinen grünblauen Wassern liegt einem zu Füßen, Fischerboote ziehen ihre Bahn, am Ufer sind einzelne Dörfer deutlich auszumachen, nachmittags überschattet vom 1717 m hohen Gunung Batur, dem zweiten heiligen Berg der Insel.

Den Rand der 14 km breiten Caldera säumen große Hotel- und Restaurantbauten. Die Straßen sind teils in den Felsen geschlagen, doch stets gut ausgebaut. Selbst große Ausflugsbusse können hier problemlos fahren. Entlang der Hauptstraße drängen sich Souvenirshops, Verkaufsbuden und Obststände, dazwischen bietet eine ganze Schar fliegender Händler Postkarten, Hüte und handgeschnitzte Schachspiele an. Der touristische Trubel ist ungeheuer und nach der Anfahrt durch die einsamen Berge auch unerwartet. Trotzdem kann man sich der Schönheit der Landschaft nicht entziehen, der Ausblick ist einfach zu prachtvoll!

Es lohnt sich, der vielfach gewundenen, schmalen Asphaltstraße zum See hinunter ins Dorf Kedisan zu folgen. An der Bootsanlegestelle hat man weitere Gelegenheit, Souvenirs zu erstehen. Man kann aber auch ein Boot nach Terunyan [Nr. 44], zu den heißen Quellen (Toyo Devasya, Tel. 03 66/512 04. tgl. 8–20 Uhr) von **Toyah Bungkah** am Westufer oder einfach für eine Seerundfahrt mieten.

i Praktische Hinweise

Information

Yayasan Bintang Danu, Penelokan (gegenüber der Abfahrt zum See), Tel. 03 66/517 30. Privates Informationsbüro.

Hotel

Lakeview, Jl. Raya Penelokan, Penelokan, Tel. 03 66/525 25, www.lakeviewbali.com. Kleines Hotel und großes Restaurant am Kraterrand. Fahrradverleih für Gäste.

Restaurants

Batur Garden, Penelokan. Mittagsbuffet am Rand der Kratersenke. Zum fantastischen Seeblick passt die Hausspezialität Fisch-Sate Batur Special.

Puri Sanjaya, Penelokan, Tel. 03 66/510 92. Beliebtes Ausflugsrestaurant gleich am Beginn der Caldera-Promenade, mit großer Aussichtsterrasse.

44 Terunyan

Das abgeschiedene Bali-Aga-Dorf öffnet sich Besuchern nur zögerlich.

Niemand kann sich erinnern, dass je eine Straße nach Terunyan ans Ostufer des

Danau Batur geführt hätte. Zwar ist zum 3 km entfernten Nachbardorf Abang ein schmaler Pfad ausgetreten, doch die traditionelle Zufahrt führt über den See: Von Kedisan unterhalb Penelokans aus erreicht man mit dem Boot in einer guten halben Stunde das Dorf Terunyan am Fuß des Abang-Hügels. Seine Bewohner gehören zu den **Bali Aga**, den ›alten Balinesen‹, die abgeschieden lebten und ihre Traditionen und Bräuche lange unbeeinflusst von der Außenwelt beibehielten [vgl. Nr. 33].

Hier fasste der Hinduismus nie richtig Fuß, darum kennen die Bali Aga beispielsweise keine Kasten. Die Religion der ›Alten‹ blieb eine synergetische Mischung aus Ahnenverehrung, Animismus und Hinduismus. Darauf gründet sich auch die ungewöhnliche Art der Totenbestattung (Mepasah), für die Terunyan berühmt ist. Die Verstorbenen werden hier weder verbrannt noch beerdigt, sondern abseits des Dorfes in Decken gehüllt auf die Erde gelegt und so der Verwesung überlassen. Dieser Friedhof ist nur mit dem Boot zu erreichen, deswegen aber keinesfalls vor Besuchern sicher. Junge Männer in Terunyan bieten von sich aus an, Touristen dorthin überzusetzen. Die älteren Dorfbewohner sehen das aber nicht gerne.

Zentrum des Dorfes ist der einfache **Pura Puser Ing Jagat**, in dem eine 4 m hohe Statue von Da Tonta, dem Gott aller Naturgewalten, verehrt wird. Die Tempelanlage ist für Fremde nicht zugänglich.

Gigantisch und bizarr: Banyanbäume – wie hier in Terunyan – gelten als heilig

45 Singaraja

Die betriebsame Hafenstadt ist Dreh- und Angelpunkt des Nordens.

Bis zur Eingliederung ins holländische Kolonialreich 1882 war Singaraja die Kapitale der Fürsten von Buleleng. Auch die Holländer nutzten die Hafenstadt bis 1945 als Verwaltungszentrum. Später übernahm Denpasar diese Funktion. Doch noch immer ist die ›Stadt des geflügelten Löwen‹ Distrikthauptstadt von Buleleng, wirtschaftliches Zentrum des Nordens und mit rund 80 000 Einwohnern zweitgrößte Stadt Balis.

Singaraja besitzt in der Jl. Veteran 20 mit der **Gedong Kirtya** (Tel. 03 62/226 45, Mo–Do 7– 14.30, Fr 7–12, Sa 7–13 Uhr) die bedeutendste *Lontar*-Bibliothek der Welt [vgl. Nr. 33]. In länglichen Zinkschachteln lagern mehr als 5000 dieser Palmblatt-Manuskripte (*Prasi*), ergänzt durch rund 8000 westliche Bücher in indonesischer und niederländischer Sprache. Im Vorzimmer studieren und kopieren Gelehrte und Lernende die *Lontar*-Blätter. Meist handelt es sich um Kopien der Originale, die von Brahmanen in den Dörfern aufbewahrt werden. Auf diese Art werden die Geschichten aus dem Mahabarata und dem Ramayana, philosophische und erbauliche Texte sowie Abhandlungen zur Pflanzenmedizin seit über 1000 Jahren weitergegeben. Das unscheinbare Bibliotheksgebäude gehört zum nebenan liegenden Komplex des früheren niederländischen Gouverneurspalastes, in dem heute die Touristeninformation des Bezirks Buleleng ihren Sitz hat.

Nicht weit davon – östlich der Kreuzung mit der bemerkenswerten **Singa-Ambara-Raja-Statue** (geflügelter Löwe auf Lotosblüte) – liegt der **Stadtpalast** der früheren Fürstenfamilie. Besucher sind willkommen, sollten aber zurückhaltend auftreten, denn es handelt sich um ein Privathaus. Im Hof spenden alte, knorrige Sawo-Bäume kühlen Schatten. Sehenswert sind rechter Hand in einer offenen Veranda Fotografien, die die fürstliche Familie und die versammelten Rajas von Bali im Jahr 1938 zeigen. In der großen, ringsum offenen, aber mit Maschendraht umgebenen Bale gede werden wichtige familiäre Zeremonien und Feiern abgehalten und Tote vor der Verbrennung aufgebahrt.

Im Stadtzentrum fällt in der Jalan Pramuka der große **Pura Jagat Natha** aus

Die chinesische Gemeinde von Singaraja versammelt sich in dem kleinen Konfuziustempel

schwarzem Stein auf. Er wurde 1992 nebst städtischen Schulen auf dem offenen Gelände des damaligen Sport- und Fußballplatzes errichtet.

Auf der Meerseite der Stadt steht unübersehbar das Unabhängigkeitsdenkmal **Yudha Mandala Tama**. Geradezu trutzig erhebt es sich am Eingang zum **Bekas Pelabuhan**, zum Alten Hafen. Hier ist nicht mehr viel los, einige Fischerboote sind auf den dunklen Strand aus schwarzem Sand und Kieseln heraufgezogen. Ein kurzer Spaziergang auf der Kaimauer zwischen dem Meer und den alten Lagerhäusern ist jedoch angenehm und stimmungsvoll. Den Schiffs- und Frachtverkehr hat mittlerweile größtenteils der neue Hafen Celukan Bawang 40 km westlich übernommen.

Bevor man über die Brücke aus der holländischen Kolonialzeit das alte Hafengelände wieder verlässt, zieht rechts in der Jalan Erlangga der chinesische Konfuziustempel **Tempat Ibadat Tri Dharma Ling Gwan Kiong** mit seiner leuchtend roten Gittertür die Aufmerksamkeit auf sich. Man kann ihn ohne besondere Kleiderordnung besuchen und vor den religiösen Wandmalereien Kerzen oder Räucherstäbchen opfern. Da Chinesen in der lebhaften Hafenstadt gute Handelsmöglichkeiten fanden, siedelte sich eine kleine Gemeinde in dieser Region an.

Bemerkenswert ist schließlich noch am westlichen Stadtrand an der Ausfallstraße nach Lovina das **Sapi-Gerumbungan-Denkmal**. Es zeigt zwei wetteifernde Ochsengespanne. Solche Ochsen- oder Wasserbüffelrennen finden noch heute in den Bezirken von Buleleng und Negara statt, bevor die neue Saat ausgebracht wird [s. S. 98 f.].

Im südlichen Vorort **Beratan** wird in den kleinen Handwerksbetrieben der Ja-

Studienobjekte – die Lontar-Bibliothek in Singaraja bewahrt wertvolle alte Schriften auf

lan Mayor Metra Gold und Silber verarbeitet. Hier ist man nicht so auf Touristen eingestellt wie etwa in Celuk, was aber einen Besuch nicht weniger interessant macht.

i Praktische Hinweise

Information

Dinas Pariwisata Daerah/Buleleng Government Tourism Office, Jl. Ngurah Rai 2, Singaraja, Tel. 03 62/611 41, www.balibulelengtourism.com

Hotel

✿✿ **Wijaya**, Jl. Jendral Sudirman 74, Singaraja, Tel. 03 62/219 15. Solides Mittelklasse-Hotel. 26 Zimmer mit Ventilator, und Restaurant am westlichen Stadtrand.

46 Air Terjun Gitgit

TOP TIPP *Höchster Wasserfall der Region mit natürlichen Badebecken im Grünen.*

Etwa 11 km südlich von Singaraja ist von der Hauptstraße aus der Weg zu dem bekannten **Wasserfall** (tgl. 8–17.30 Uhr) gut ausgeschildert. Zunächst führt er von als gepflasterter, ca. 1 m breiter Pfad durch Felder und über einige Stufen talabwärts. Hinter dem Kassenhäuschen überquert er einen Bergbach, schlängelt sich dann reizvoll durch Reisfelder und führt kurz vor dem Ziel durch ein Waldstück nochmals bergab. Insgesamt ist es ein gut 15-minütiger Spaziergang, wenn man nicht unterwegs in einem Warung Rast macht.

Noch bevor der Wasserfall zu sehen ist, kündigen ihn moosbewachsene Felsen und ein feiner, kühler Sprühnebel an. Aus der Höhe ergießt sich ein schmaler, aber kräftiger Wasserstrahl in ein felsiges Becken, an dessen Rand zwei wacklige hölzerne Pondok stehen. Unten haben sich zwischen großen Felsbrocken ruhige, natürliche Badebassins gebildet. Das Wasser ist klar und ein Bad sehr erfrischend. Es ist aber kein Trinkwasser und sogar die Einheimischen warnen vor dem ›Bali belly‹, wie Magen-Darm-Erkrankungen auf Bali genannt werden.

i Praktische Hinweise

Information

Tourist Information, links am Anfang des Pfades zum Wasserfall

Restaurant

Gitgit Hotel, Jl. Raya Bedugul (beim Zugang zum Wasserfall), Gitgit, Tel. 03 63/262 12. Einfaches ordentliches Lokal. Gästezimmer im Haus.

47 Yehketipat

Heilige Affen und herrliche Aussicht.

Ein beliebter Stopp auf der Strecke zwischen Gitgit und Bedugul befindet sich hinter dem Dorf Yehketipat, wo die Straße steil abwärts führt. Über mehrere hundert Meter stehen die Bäume auf der Talseite etwas lichter und erlauben freie Sicht auf den unten liegenden See **Danau Buyan** mit umliegenden Terrassen und Feldern. Die friedliche Szenerie wird auf der anderen Seeseite überragt vom Gipfel des 1860 m hohen grünen Gunung Lesong.

Die heiligen **Affen**, die den Wald aus Riesenfarnen und Paku-nagh-Bäumen bevölkern, haben sich an Besucher gewöhnt. Bereitwillig kommen sie herbei, um gefüttert zu werden, sind aber bei Weitem nicht so aufdringlich wie ihre Verwandten in den Tempeln.

Munduk

Ein landschaftlich sehr reizvoller Abstecher führt auf schmalen Landstraßen nach Westen, an den beiden Seen Tamblingan und Buyan vorbei. Ein wunderschöner Ausblick öffnet sich hinter dem Weiler Asahpanji, wenn unten im Tal links die blauen Wasser des **Danau Buyan** und rechts die smaragdgrünen des **Danau Tamblingan** schimmern.

Die Landschaft um das etwa 3 km westlich gelegene Bergdorf **Munduk** prägen malerische, teils terrassierte Kaffee- und Gewürzplantagen. Immer beliebter werden Bergwanderungen und Hikingtouren in dieser zauberhaften, wasserreichen Umgebung. Selbst einen Wasserfall kann man hier entdecken.

i Praktische Hinweise

Hotel

Puri Lumbung Cottages, Munduk, Tel. 03 62/701 28 87, www.purilumbung.com. Komfortable Bungalows in schöner grüner Landschaft; ideal für Wanderer. Im Haus werden u.a. Yogakurse angeboten.

Am Tamblingansee, inmitten der bewaldeten Berge, wähnt man sich fast im fernen Europa

48 Bedugul

Berühmter Markt, dazu Orchideenzucht und ein Botanischer Garten.

Gern besuchen Touristen den täglichen Markt von Bedugul. Auf dem großen quadratischen Marktplatz **Bukit Munggu** in der Ortsmitte wird vor allem Obst und Gemüse in Hülle und Fülle angeboten. Das ist die Gelegenheit, fruchtige Rambutan zu probieren, Mangusteen oder Salak, die Frucht mit der ›Schlangenhaut‹. Vielleicht sogar ein Stück Durian, von der es heißt, sie stinke höllisch, schmecke aber himmlisch? Heimatlich muten dagegen die Erdbeeren an, die in der Gegend gut gedeihen.

Zusätzlich bringen zahlreiche Blütenpflanzen Farbe in den Markt. Bedugul gilt als Zentrum der **Orchideenzucht** auf Bali, und die überquellende Fülle des Angebots gibt dieser Einschätzung recht. Beim Kauf ist Vorsicht angeraten: die meisten dieser für unsere Breiten exotischen Pflanzen dürfen nicht nach Mitteleuropa eingführt werden.

Fruchtbare Erde und das kühlere Klima des Berglandes machten Beduguls direkte westliche Nachbargemeinde Candikuning zum idealen Standort für den Botanischen Garten **Kebun Raya Eka Karya** (Candikuning, Baturiti, Zufahrt ab Rondell mit Maiskolben-Plastik, Tel. 03 68/203 32 11, www.kebunrayabali.com, tgl. 8–18 Uhr, Gewächshäuser bis 16 Uhr). Über insgesamt 158 ha erstreckt sich die Anlage hier am Hang des Gunung Pohon (2063 m), davon sind rund 50 ha Park. Man kann gegen eine zusätzliche Maut mit dem Auto hineinfahren, Motorräder müssen aber vor dem Eingang parken.

Das Gelände ist sehr weitläufig und teils auch steil, doch ein Spaziergang zu den im oberen Drittel des Gartens gelegenen Gewächshäusern ist sehr angenehm und auch für Vogelbeobachter ein Erlebnis. Hilfreich ist dabei das Faltblatt ›6 Self Guided Walks‹, das meist am Kassenhäuschen ausliegt. Schade nur, dass die Bäume (rund 650 Arten), Bambusse und Blumen – allein im Lila Graha mehr als 500 Orchideenarten –, Heil- und Zeremonialpflanzen nicht botanisch beschrieben werden. Auch ist der Weg zu einer der Hauptattraktionen, einer Amorphophallus (Titanenwurz mit Blüten bis zu 1 m Durchmesser), nicht ausgeschildert.

Gut zu finden ist dagegen der **Bali Treetop Adventure Park** (Tel. 03 61/852 06 80,

Die schlanken Türme des Pura Ulun Danu Bratan spiegeln sich im klaren, ruhigen See

www.balitreetop.com, tgl. 8.30–18 Uhr). In den Wäldern des Botanischen Gartens bietet er Abenteuerkurse in 2–20 m Höhe, Hängebrücken, ›Spinnennetze‹ und bis zu 160 m lange Flying-Fox-Stahlseilrutschen.

i Praktische Hinweise

Hotel

Bali Handara Kosaido Country Club, Pancasari, Tel. 03 62/342 26 46, www.bali handara.com. Luxushotel in traumhaft schöner Landschaft zwischen Gunung Catur und Danau Bratan. Anbei der gleichnamige herrliche 18-Loch-Golfplatz (www.balihandarakosaido.com).

49 Pura Ulun Danu Bratan

Buddhistisch-hinduistische Tempelanlage am Danau Bratan.

Am Südwestufer des waldumstandenen Bratansees bietet sich bei Sonnenaufgang ein stimmungsvolles Bild, wenn sich die dunklen Silhouetten der vieldachigen Meruh des Ulun-Danu-Tempels gegen den lotosbedeckten See und die rote Sonne abheben.

Die hinduistische **Tempelanlage** (tgl. 7–17 Uhr) wurde um 1633 vom Raja von Mengwi erbaut und liegt auf einer Landzunge und einer kleinen Insel im See. Sie

Üppig, bunt und verführerisch leuchten zum Zugreifen aufgetürmte frischen Früchte und Gemüse auf dem Markt von Bedugul

ist Dewi Danu, der Wassergöttin, geweiht, und lässt mit der großen Stupa links vom Eingang buddhistische Einflüsse erkennen. Der dreistufige Meruh auf dem äußersten Inselchen ist jener für Dewi Danu, in dem siebenstufigen wird Shiva und in dem elfstufigen Wishnu verehrt.

Scharen von Gläubigen strömen zu den Tempeln, der Ort strahlt Frieden und Ruhe aus. Die stören auch die blechern klingenden Lautsprecherrufe des Muezzin nicht, die zu den muslimischen Gebetszeiten vom Minarett der nahen Moschee erklingen. Dazu kommt tagsüber der Touristenrummel, wenn nach dem Kassenhaus Erfrischungen, Souvenirs und Fotosessions mit einer 3 m langen Python angeboten werden.

Zum unheiligen Trubel trägt auch der Freizeitpark **Taman Rekreasi Bedugul** (tgl. 8–17 Uhr) am Seeufer rechts vom Tempel bei. Hier kann man Kanus, Tret-, Ruder- und Speedboote für Ausflüge auf dem Danu Bratan mieten, aber auch Wasser- und Jetski fahren oder Parasailen.

i Praktische Hinweise

Hotel

Penginapan, links vom Pura Ulun Danu Bratan, Tel. 03 62/213 66. Gepflegte Bungalowanlage in weitem Garten mit direktem Zugang zum Tempelgelände.

Tempeltour über dem Danau Bratan

Am Tor des Taman Rekreasi Bedugul beginnen die meisten der Trekkingtouren ins einladende Umland. So auch die über die **Goa Jepang**, die Höhle der Japaner aus dem Zweiten Weltkrieg, zum **Pura Puncak Mangu** auf dem 2096 m hohen **Gunung Catur.** Für den Aufstieg rechnet man allgemein 2–3 Std., weitere 2 Std. für den Abstieg. Dazwischen sollte man genügend Zeit einplanen, um die schöne Aussicht über Wald, Danau Bratan und Danau Buyan zu genießen.

50 Lovina

Schwarze Vulkansandstrände, entspanntes Leben und niedrige Preise ziehen Besucher in Balis Norden.

Der schwarzsandige Küstenabschnitt der Buluh Bay westlich von **Singaraja** bis kurz vor **Seririt** heißt Lovina. In den 1970er-Jahren beschränkte sich diese Bezeichnung noch auf das Dorf Kalibukbuk mit dem Hauptstrand **Pantai Binaria.** Heute hat sie sich auf die Nachbardörfer Kaliasem und Temukus im Westen sowie auf Banyualit, Anturan, Tukad Mungga und Pemaron im Osten ausgeweitet. Der Ursprung des Kunstwortes ›Lovina‹ ist unklar, aber man vermutet dahinter die Abkürzung von ›Love for Indonesia‹.

Von der parallel zur Küste verlaufenden Asphaltstraße führen Stichstraßen in die Küstendörfer und an die Strände. Landeinwärts liegen halbhohe Hügel, dazwischen Dörfer und Weiler. Dieses wenig beachtete Hinterland ist ein Paradies für Vogelbeobachter und Wanderer. Naturfreunde müssen lediglich einer Straße oder einem Pfad durch die Reisfelder bergan folgen – und dabei tunlichst kein Getreide zertreten. In jüngerer Zeit entdecken Mountainbiker die herrliche Gegend, sollten ihre Touren aber umsichtig und rücksichtsvoll gestalten.

TOP TIPP Lovina ist bekannt für seine dunkelsandigen **Vulkanstrände**. Sie sind öffentlich zugänglich, über weite Strecken breit und oft auch naturbelassen. Das heißt aber auch, dass sich Urlauber manche Strandabschnitte mit an Land gezogenen Fischerbooten und aufgespannten Netzen teilen müssen.

Ein vorgelagertes **Korallenriff** lockt Schnorchler und schützt Schwimmer. Das trifft zwar für weite Teile der Nordküste zu, doch das touristische Zentrum liegt nach wie vor in und um **Kalibukbuk**. Hier mündet die von Restaurants und Bars gesäumte Stichstraße Jalan Binaria in den zentralen Marktplatz am Meer. Die Freifläche überragt das markante, 8 m hohe Delphin-Denkmal **Patung Lumbalumba**.

Delphine (Lumba-lumba) sind das Wahrzeichen Lovinas. Die kleinen Tümmler halten sich gerne in den flachen, wenig bewegten Gewässern vor der hiesigen Küste auf. **Delphin-Beobachten** ist eine Attraktion in Lovina – und ein Wirtschaftszweig. Ständig wird der Besucher gefragt »Dolphins, see dolphins?«. Angeboten werden Morgen- und Abendtouren. Sammelpunkt für alle Interessenten ist der Strand. Dutzende bunt bemalter Auslegerboote bringen ihre Passagiere dann hinaus vor das Riff. Das Schauspiel auf dem Meer gleicht aber eher einer Jagd als einer Tierbeobachtung: Sobald jemand eine Rückenflosse sieht, nimmt die ganze Flotille darauf Kurs und folgt soweit möglich der Delphinschule. Der Lärm der Außenbordmotoren lässt die Tiere jedoch schnell unter Wasser das Weite suchen – und das Warten und Lauern beginnt von Neuem. Falls keine

Beach-life mit Musik – die Nordküste bietet schwarzsandige, oft wenig erschlossene Strände

Morgendliche Delphinbeobachtungen gehören zu den beliebtesten Unternehmungen in Lovina

Delphine auftauchen sollten, wird der halbe Ausflugspreis zurückerstattet.

Obwohl es nicht jedermanns Sache ist, die Tiere auf diese Art aufzuspüren, lohnt sich eine solche Ausfahrt zumindest einmal. Morgens hat die frühe kühle Stunde zwischen 6 und 7 Uhr ihren eigenen Reiz, wenn an Land die Morgennebel steigen. Und zum Tagesausklang wird es auf dem Meer im Licht der untergehenden Sonne besonders romantisch.

i Praktische Hinweise

Information

Dinas Pariwisata/Government Tourist Office, Jl. Raya Lovina (Jl. Singaraja – Seririt, zwischen Bu Warung und dem örtlichen Polizeiposten, östlich der Jl. Binaria), Kalibukbuk, Tel. 03 62/419 10

Hotels

****Rambutan**, Jl. Mawar, Kalibukbuk, Tel. 03 62/413 88, www.rambutan.org. 33 Zimmer in nettem Boutiquehotel niederländischer Besitzer. Zwei Pools. Koch- und Yogakurse im schönen Garten.

❀❀❀ **Angsoka**, Pantai Binaria (östlich des Delphin-Denkmals), Kalibukbuk, Tel. 03 62/418 41, www.angsoka.com. Alteingesessenes Hotel mit 44 Zimmern, wenige Meter vom Strand entfernt.

❀❀❀ **Bali Lovina Beach Cottages**, Pantai Lovina, Tel. 03 62/412 85, www.balilovinabeach.com. Freundliche, neuere Unterkunft mit allem wünschenswertem Komfort. Pool inmitten dichten Grüns.

❀❀ **Banyualit Spa 'n Resort**, Pantai Banyualit (am Ende der Stichstraße), Banyualit, Tel. 03 62/417 89, www.banyualit.com. 20 Zimmer in Gartenbungalows (unterschiedlicher Standard), Pool.

❀ **Taman Lily's Bungalows & Restaurant**, Jl. Mawar, Kalibukbuk, Tel. 03 62/413 07, www.balilovinahotel-tamanlilys.com. Sechs Bungalows, teils mit Sonnenkollektoren. Einfach und sehr freundlich, mit Restaurant. Niederländisch-indonesisches Besitzerpaar.

Restaurants

Angin Laut (Sea Breeze), Kalibukbuk, Tel. 03 62/411 38. Luftig-großes Restaurant am Markt bei der Delphin-Statue. Frischer Fisch im Bananenblatt ist zu empfehlen, nachmittags belegte Sandwiches.

Café Karma, Ecke Jl. Binaria/Jl. Raya Lovina, Kalibukbuk. Mexikanisches Essen mit indonesischem Einschlag. Abends oft Spielfilme im Gastraum.

Chono's, Jl. Raya Lovina, Kalibukbuk. Einfache traditionelle und chinesische Gerichte, auch Rijstafel. Viele Spiele (Schach, Backgammon, Karten), Di/Do/Sa abends Tanzvorführungen.

Kakatua, Jl. Pantai Binaria, Tel. 03 62/413 44. Am Marktplatz mit Blick auf die abendliche Flaniermeile. In der offenen Küche wird fangfrischer Fisch zubereitet.

Kubu Lalang, Tukad Mungga, Tel. 03 62/ 422 07. Entspannt genießen: Ananascurry und Mango-Käsekuchen am Strand.

Malibu Music Club, Jl. Raya Lovina, Kalibukbuk, Tel. 03 62/416 71. Szene-Treff für Taucher und Tänzer. Abends Filme und Live-Bands bis spät in die Nacht.

51 Air Terjun Sing Sing

Der kleine Wasserfall speist zwei natürliche Badebecken.

Der Wasserfall hinter dem Dorf Temukus ist von Lovina aus ein beliebtes Ausflugsziel. Sing-Sing bedeutet ›Tagesanbruch‹, weckt aber bei westlichen Besuchern wegen des gleichnamigen New Yorker Gefängnisses meist Belustigung. Als Naturphänomen ist der Wasserfall wenig spektakulär, doch seine Lage in den Felsen, umgeben von dichtem Wald, macht ihn sehenswert.

Vom kleinen Parkplatz hinter Temukus führt ein meist befestigter Weg etwa 800 m zwischen Wald und Feldern zum 12 m hohen Wasserfall. Man steigt wenige Schritte in ein kleines natürliches Wasserbecken ab. Links davon führt ein schmaler Pfad hinauf zu einer weiteren Ebene. Nur anfangs helfen einige Stufen, dann heißt es klettern. Oben liegt ein zweites, felsiges Becken. Es eignet sich besser zum Baden, zumal größere Felsbrocken ringsum Sitzgelegenheiten bieten. Wald und Sprühnebel machen den Aufenthalt erfrischend kühl.

Ein sehr schmaler, etwa 30 cm breiter Pfad, der nur manchmal von einer knöchelhohen steinernen ›Sicherung‹ zum Wasserfall hin abgegrenzt ist, führt noch höher. Oben fängt ein künstliches Staubecken Sickerwasser auf. Schon von alters her werden mit diesem die umliegenden Reisfelder bewässert.

Praktische Hinweise

Hotel

Zen Resort Bali, Ume Anyar, Seririt, Tel. 03 62/935 78, www.zenresortbali.com. Erschwinglicher Luxus in 14 Villen am Strand. Mit Ayurveda-Spa, Yoga, Tauchen.

52 Banjar

Heilkräftige heiße Quellen und ein buddhistischer Ashram.

Rund 20 km westlich von Singaraja und weniger als 10 km von Lovina entfernt liegt am Fuß der Berge das Dorf Banjar. Schon die Anfahrt ist reizend: schmale, gut asphaltierte Straßen führen durch lang gezogene Dörfer und vorbei an Reisterrassen in verschiedenen Grüntönen.

Banjar besitzt den einzigen buddhistischen Tempel im Norden Balis, den **Brahma Vihara Arama**. Nachdem sich Besucher rechts vom Ashram eine Schärpe ausgeliehen haben, steigen sie über eine Freitreppe zum steinernen Eingangstor hinauf. Wer nicht schon unten an der

Das Rad dreht sich – Hochzeitsfeier im buddhistischen Tempel von Banjar

Verborgen im üppigen Grün plätschern die warmen Wasser der Air Panas Banjar

Das buddhistische Kloster von Banjar liegt wie entrückt in den grünen Hügeln des Nordens

Treppe die Schuhe auszieht, muss dies spätestens vor den Gebetsräumen tun, die sich beim oben liegenden kleinen runden Lotosteich auftun. Rechter Hand verehren die hauptsächlich chinesischstämmigen Gläubigen Buddha in einer großen steinernen Stupa.

TOP TIPP Air Panas Banjar

An der zentralen Kreuzung in Banjar führen Wegweiser in ein sehr schmales Tal zu den rund 15 km entfernten **heißen Quellen**, den Air Panas (tgl. 8–16 Uhr). Die unbefestigte Straße folgt dem Lauf eines Bergbachs, der sich tief in die Felsen gegraben hat. Sein Wasser ist warm, je nach Tageszeit steigt Dampf auf. Nach dem Kassenhaus geht es zu Fuß zwischen Verkaufsständen etwa 200 m weiter, bis sich der Pfad gabelt. Rechts lädt ein schmaler Fußweg zu einer Waldwanderung ein. Aus den Hängen sickert Wasser, das Tal ist dicht bewaldet und überall blüht es verschwenderisch.

Links geht es über eine steinerne Brücke zu drei übereinander in die Talwand gebauten Wasserbecken. Der untere Pool ist der größte. Er misst rund 4 x 7 m und ist für Schwimmer geeignet. In einem weiteren Becken stürzt aus als Schlangen gestalteten steinernen Wasserspeiern warmes Quellwasser in armdicken Strahlen hervor und massiert die 2 m unterhalb sitzenden Badegäste. Ein drittes, etwas höher in den Hang gebautes Bassin dient der Entspannung. Das 38 °C warme Wasser enthält Sulfat und Kalium. Es regt die Durchblutung an und gilt als heilsam bei Hauterkrankungen und Arthritis.

Oberhalb der Badebecken befinden sich die Umkleidekabinen, daneben das Restaurant Komala Tirta (s. u.). Dahinter überspannt eine abenteuerlich scheinende, aber solide Bambusbrücke den Bach. Der Weg trifft am anderen Ufer auf den oben erwähnten Waldpfad, der sich linker Hand weiter den Hang hinaufzieht.

i Praktische Hinweise

Hotel

Pondok Wisata Grya Sari, Air Panas Banjar (300 m von den heißen Quellen), Tel. 03 62/929 03, www.hotelgryasari.info. Freundliche Unterkunft in 14 schönen Bungalows. Unterschiedlicher Komfort, aber stets malerisch am Hang gelegen.

Restaurant

Komala Tirta, Air Panas Banjar, Tel. 03 61/929 01. Regionale Küche auf luftiger Veranda mit bestem Blick über die Quellen.

Der Westen – Schönheit im Dornröschenschlaf

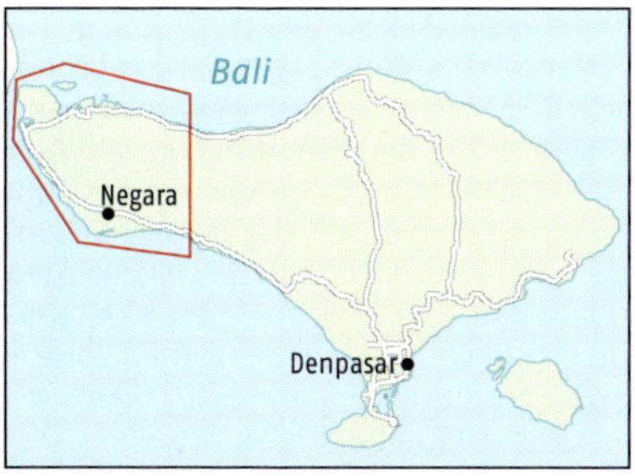

Der größte Teil von Balis ländlichem, in weiten Teilen berg- und waldreichem Westen harrt noch seiner touristischen Entdeckung. Eine Ausnahme bildet der Ort **Pemuteran**, auf dessen Gemeindegebiet vor glitzerndem Meer feinsandige dunkle Sandstrände ebenso locken wie beeindruckende Tempel vom Pura Pulaki bis zum Pura Jayaprana. Letzterer liegt schon im Gebiet des ausgedehnten **Nationalparks Bali Barat**, in dem seltene Tierarten wie der Bali-Star eine geschützte Heimat finden. Die ebenfalls zum Nationalpark gehörende **Insel Menjangan** vor der Küste ist von Korallenriffen umgeben, deren vielfältige Unterwasserwelt zum Tauchen und Schnorcheln einlädt.

An der Südwestküste verdienen der romantisch gelegene Meerestempel **Pura Luhur Rambut Siwi** und die alte Fürstenstadt **Tabanan** Aufmerksamkeit. Sportfreunde zieht es dagegen eher an die herrlichen, wenngleich nicht immer leicht zu erreichenden **Surfreviere** auf dieser Seite der Insel.

53 Pura Pulaki

Bekannter Tempel mit heiligen Affen in exponierter Lage zwischen Felsen und Meer.

Direkt an der Küstenstraße im Norden liegt gute 5 km östlich von Pemuteran der zum Dorf **Banyupoh** gehörende Pura Pulaki Agung. Er soll von dem Hindupriester Nirartha gegründet worden sein, der ihn seiner entführten Tochter Swebana weihte. Diese wird als Dewi Melanting, Göttin des Handels und des Wohlstands, verehrt. Obwohl der Staatstempel zu den fünf wichtigsten Heiligtümern der Gegend zählt, ist er relativ schmucklos gehalten. In dem Kassenhäuschen im Vorhof rechts liegt ein Informationsblatt zum Tempel aus, links hängen zwei große hölzerne *Kulkul* (Schlitztrommeln), um die sich kleine graue Affen tummeln.

Über eine Treppe geht es zu drei auf Terrassen hintereinander angelegten Höfen, die durch unregelmäßig hohe Stufen miteinander verbunden sind. Im obersten Hof überragt ein Intaran-Baum mehrere steinerne Schreine. Der mittlere Hof mit seinem massiven steinernen Altar ist rechts mit einem höher gelegenen vierten Patio verbunden. Jenseits der Tempelmauer führen wiederum Stufen noch rund 20 m weiter bergauf zu einem kleinen Plateau mit einem Holzschrein. Von hier oben ist die **Fernsicht** über Tempel und Meer grandios.

Auf der gegenüberliegenden Straßenseite erhebt sich unmittelbar an der Steilküste der neue, ebenfalls sehr schöne Tempel **Pura Pabean**. Erholung und Abkühlung verspricht nach all der Kultur eine Badepause am weißsandigen Nachbarstrand von **Gondol** im Osten.

Ein Haar des Priesters Nirartha wird im Pura Rambut Siwi als größtes Heiligtum verehrt

Praktische Hinweise

Einkaufen

Atlas South Sea Pearls, North Bali Showroom & Pearl Farm, Jl. Nelayan, Penyabangan (5 km östlich von Banyupoh), Tel. 081/23 87 70 12. Perlenzucht vor der Küste, Führung nach Voranmeldung möglich.

Hotel

North Bali Beach Cottages & Spa und **North Bali Divecenter**, Penyabangan, Tel. 085/737 44 70 86, www.balidivecenter.com. Familiäres Resort von Tauchern für Taucher. Bungalows am felsdurchsetzten Strand. Kein Luxus, aber Natur und Ruhe.

54 Pura Melanting und Pura Kertekawat

Ein Tempel ist dem Handel geweiht, der andere der Unterwelt.

Der dem Pesar Agung, dem großen Markt, geweihte Tempel ist noch relativ jung. Erst in den 90er-Jahren des 20. Jh. begannen die Bewohner der umliegenden Dörfer südlich von Banyupoh mit seinem Bau. Die Anfahrt führt durch hohen Wald, der sich plötzlich zu einem freien Markt- und Parkplatz lichtet.

Wie der Pura Pulaki ist auch der **Pura Melanting** an den Hang gebaut. Zwei blumengeschmückte steinerne Schlangen bewachen die Stufen zum ersten, turmflankierten Tor. Im zentralen Hof fällt links eine geschwungene Treppe aus Steinen und Felsbrocken auf. Im Hof an ihrem Ende stehen überdachte Opferhäuschen auf großen natürlichen Felsen. Hinter dem kleinen Lotosteich führt ein steinerner Steig zu einem Saumpfad in die Hügel. Der Weg ist steil und beschwerlich, aber von oben ist der Ausblick über Wald und Ebene herrlich.

Gegenüber dem Pura Melanting führt eine schmale, anfangs recht steile Straße zum nur etwa 1 km entfernten **Pura Kertekawat**. Von den fünf Haupttempeln der Region ist er derjenige für die Unterwelt. Mit seiner nur kniehohen Umfassungsmauer und äußerst einfach gestalteten Höfen ist er jedoch sehr bescheiden. Als Besonderheit steht rechts vom Eingang neben dem Brunnen ein *Kesambih* genannter, großer Findling, der den Geistern gehören soll.

55 Pura Pemuteran

Überregional bedeutender Shivatempel mit heißen Quellen.

Bei Touristen nur wenig bekannt ist der Shiva geweihte Tempel am östlichen Stadtrand von Pemuteran. Dabei ist er für die Hindus im Norden neben Pulaki, Melanting, Pabean und Kertekawat einer der fünf Haupttempel. Passenderweise entspringen vor seinen Toren heilkräftige warme Trinkwasserquellen. Sie liegen abseits des Tempels rechts im leichten Baumschatten. Hinter ihren steinernen Umfassungsmauern sind zwei Baderäume errichtet, getrennt nach Männern und Frauen. Die Quellen gelten als heilig und Gläubige opfern zuerst hier, bevor sie den Tempel betreten.

Am Eingang des Tempels wird (noch) keine Donation, kein inoffizieller Eintritt verlangt. Eine Schärpe muss der Besucher selbst mitbringen, denn man kann hier keine ausleihen. Hinter einem steinernen Gitter aus stilisierten Lotosblüten erhebt sich im zweiten Hof ein steinerner Thron (*Padmasana*) für Shiva. Prächtig ist dieser Göttersitz aus Holz geschnitzt und mit Blattgold überzogen, das in der gleißenden Sonne funkelt. Büsche und Blumen überranken die Umfassungsmauern, wodurch der Tempel vor den kargen Bergen im Hintergrund sehr anmutig wirkt.

Fährt man auf der Küstenstraße weiter nach Westen, sieht man noch vor dem eigentlichen Ort Pemuteran rechts zwei markante Hügel aufragen, auf die sich eine asphaltierte schmale Straße zuwindet. Den ersten, höheren Hügel krönt ein halb verfallenes Tempelchen. Wer sich die Mühe macht, die Stufen hinaufzusteigen, wird mit einem wunderschönen **Ausblick** belohnt. Von der Insel Menjangan im Westen schweift der Blick weit an der Küste hin nach Osten. Das Meer tupfen die weißen Segel der Fischerboote und im Landesinneren begrenzen erst die Berge die Sicht. Am Fuß des Hügels führt die enge Straße weiter an einen

Schönheitspflege im Freien – ein mobiler Friseurdienst kommt in abgelegene Dörfer

Wunderbar leuchtende Orchideen werden in Balis bisher einzigem Nationalpark geschützt

Meeresarm, der mit muschelübersätem weißen Sand und ruhigem, klaren Wasser zu einer Badepause einlädt.

i Praktische Hinweise

Hotels

*****Matahari Beach Resort & Spa**, Jl. Raya (gegenüber dem Pura Pemuteran), Pemuteran, Tel. 03 62/923 12, www.matahari-beach-resort.com. 16 großzügige Luxus-Bungalows am hauseigenen schwarzen Strand. Mit Pool, Spa und Strandrestaurant. Eigene Tauchschule und direkte Bootsverbindung zur Pulau Menjangan. Kleiner Pitch & Put Golfplatz.

Pondok Sari, Pemuteran, Tel. 03 62/923 37, www.pondoksari.com. Angenehmes Mittelklasse-Hotel am ruhigen Strand. 23 Bungalows in weiträumigem Garten. Tauchbasis unter Schweizer Leitung.

56 Taman Nasional Bali Barat

Balis einziger Nationalpark bewahrt tropische Bergwälder und eine vielgestaltige Unterwasserwelt.

Die Straße vom Pura Pulaki nach Westen, Richtung Gilimanuk, ist sehr gut ausgebaut und führt streckenweise an der Küste entlang. Etwa 10 km hinter dem Touristenresort Pemuteran kündigt ein großes Schild den Beginn des **Nationalparks** an. Er umfasst zu Wasser die vorgelagerte kleine Insel **Pulau Menjangan** [Nr. 57] und annähernd 70 km^2 Meeresgebiet, an Land rund 700 km^2 des gebirgigen Westteils von Bali. Hier leben in teils dichten Bergwäldern Bali-Rinder (*Banteng*) sowie zahlreiche Affen- und Rotwildarten. Mit etwas Glück ist auch der seltene Bali-Star *Jalak Bali* (Bali Mynah, Leucopsar rothschildi) zu sehen. Im Dorf Tegal Bunder gibt es eine Aufzucht- und Auswilderungsstation für den vom Aussterben bedrohten weißen Vogel mit den schwarzgeränderten Flügeln und dem markanten blauen Fleck am Auge. Auch sonst kommen Ornithologen in dem Park auf ihre Kosten.

Der seltene weiße Bali-Star ist das Wappentier des Nationalparks Bali Barat

An der Nordküste wechseln sich sandige Abschnitte mit sumpfigen Gebieten und dichten Mangrovenwäldern ab. Der Nationalpark ist durchaus bewohnt, es dürfen nur keine neuen Ansiedlungen gebaut werden und die wirtschaftliche Nutzung des Waldes ist eingeschränkt.

Ausflüge in den Parkwald sind nur mit Führer und Genehmigung der Parkverwaltung in Cekik erlaubt. Sie kann auch Übernachtungen im parkeigenen Guest House am Nordhang des 808 m hohen Gunung Kelatakan arrangieren.

Air Panas Banyuwedang

Hinter der nordöstlichen Parkgrenze zweigt rechts eine kleine Straße zu den Air Panas, den heißen Quellen von Banyuwedang ab. Vorbei am Pura Dhang Kayangang Banyuwedang führt der 2 m breite Fußweg durch einen Wald mit bizarren Mangrovenwurzeln. Schon von Weitem verrät ausgeprägter Schwefelgeruch die **Quelle**. In dem einfachen Schöpfhaus wird von Hand das ca. 50 °C heiße Wasser heraufgeholt, dem die Bewohner der umliegenden Ortschaften Heilkräfte zuschreiben. Nebenan nutzt das Mimpi Resort Menjangan (s. u.) das Quellwasser ebenfalls für therapeutische Zwecke, jedoch in modernerem Umfeld.

Von den kleinen Fenstern des Badehauses geht der Blick in den Mangrovenwald: Links ragen zwischen den Luftwurzeln einzelne Steinschreine auf, zu denen Einheimische in Booten Opfergaben bringen, geradeaus erkennt man jenseits eines offenen Meeresarmes den Hafen von Labuhanlalang.

i Praktische Hinweise

Information

Parkverwaltung Taman Nasional Bali Barat, Jl. Raya, Cekik, Tel. 03 65/610 60, www.tnbalibarat.com

Hotel

***__Mimpi Resort & Spa Menjangan__, Banyuwedang, Tel. 03 62/944 97 www.mimpi.com. Unerwarteter Luxus mit Tauchen und Wasserkuren an einsamer Küste.

57 Pulau Menjangan

TOP TIPP *Taucher lieben die Gewässer um die geschützte Insel im äußersten Nordwesten von Bali.*

Die Insel Menjangan gehört samt den umliegenden Gewässern zum Nationalpark Bali Barat [Nr.56]. Zwar erlaubt die Regierung Tauchen und Schnorcheln in den hiesigen Gewässern, kontrolliert jedoch den Zugang. Die Korallengärten und Riffe in dem kristallklaren Wasser, die von einer Vielzahl bunter Fische bevölkert werden, sind auf Bali für ihre Größe und Farbenpracht berühmt. Zwischen

Gilimanuk, ganz im Westen gelegen, ist als Fährhafen zur Nachbarinsel Java von Bedeutung

den Schwämmen, Pilz- und Hirnkorallen tummeln sich mehr als 500 Fischarten, darunter Papageien-, Löwen- und Engelsfische neben so Aufsehen erregenden Arten wie Mantas oder Riffhaien.

Von den Hotels in Pemuteran und auch weiter östlich starten Boote nach Menjangan. Alle anderen Tauchausflügler setzten von der Hafenstadt **Labuhanlalang** in der Bucht von **Terima** über. Hier werden zum Beispiel regierungseigene Boote zu Festpreisen vermietet, die bis zu sechs Personen mit Tauchausrüstung befördern können. Es ist gestattet, auf der flachen Insel anzulegen und an Land zu gehen, aber die Bootsführer fragen bei einer entsprechenden Frage verwundert und zu Recht ›Warum?‹.

Früher stand in Labuhanlalang nur ein einsamer Posten der Parkverwaltung und kassierte Eintritt. Heute säumen den Weg von der Hauptstraße zur Mole eine große Tauchschule, mehrere Warungs sowie einfache Homestays und Losmen.

58 Makam dan Pura Jayaprana

Grab und Tempel erinnern an eine herzzerreißende Liebesgeschichte.

Nur wenige Kilometer westlich von Labuhanlalang liegt links der Straße Makam dan Pura Jayaprana, Grab und Tempel des Jayaprana. Unübersehbar erhebt sich das Gespaltene Tor, flankiert von zwei schwarz-weiß geschürzten Krokodilfiguren als ungewöhnlichen Wächtern. Das Ende der dahinter steil bergan führenden Stufen ist von unten nicht abzusehen. Der Tempel liegt auf einem bewaldeten Hügel, von dem aus jedoch keine Fernsicht möglich ist. Auch hier gelten die zahlreichen Affen als Nachfahren des Gottes Hanuman als heilig, sind aber bei Weitem nicht so zudringlich wie ihre Artgenossen in bekannteren Tempeln.

Den zaunumgrenzten Vorraum zum Allerheiligsten ziert als ungewöhnliches Schmuckstück eine Schwarzwälder Uhr, original mit Gewichten und Kuckuck. Die Wände des Bale hinter dem Tempel sind über und über mit Uhren behängt, die dankbare Pilger gestiftet haben. Eine Wandmalerei erzählt in neun Bildern von links unten nach rechts oben die tragische Geschichte von Jayaprana und Layonsari, der der Tempel seine große Beliebtheit beim Volk verdankt.

Der schönen, edlen Layonsari war keine glückliche Liebe beschert

Romeo und Julia auf balinesisch

Einst herrschte der König Anak Agung Ngurah Kaleran über sein Reich **Kalianget** in den Bergen beim heutigen Seririt. Sein bester Mann war der schöne und gute **Jayaprana**. Er liebte die ebenso schöne und gute **Layonsari** und konnte sie nach vielen Abenteuern auch wirklich heiraten. Aber der König verliebte sich selbst in Layonsari. Darum schickte er Jayaprana an die Grenzen seines Reiches, wo ihn der Minister Patih Saunggaling ermorden sollte. Aber Jayaprana war unverwundbar und konnte erst getötet werden, als er selbst es zuließ, um sich den ausdrücklichen Wünschen seines Königs zu fügen. Layonsari erfuhr davon. Aus Gram darüber und weil sie sich den Annäherungsversuchen des lüsternen Königs nicht anders zu erwehren wusste, tötete sie sich selbst.

Jayaprana und Layonsari gelten auf Bali als das ideale Liebespaar. Sie erhielten gleich nach ihrem Tod gottähnlichen Status. Den unmäßigen König aber straften die Götter mit Wahnsinn. Noch heute sagt man seinen angeblichen Nachkommen, den Bewohnern des Bergdorfs Kalianget, nach, sie seien mit erblichem Schwachsinn geschlagen.

Festlich geschmückt erscheinen die Ochsen zum jährlichen Wettkampf in Negara

59 Negara

Ochsenrennen sorgen für spannende Unterhaltung.

Die Westküste Balis ist touristisch nur wenig erschlossen. Die Stadt **Gilimanuk** ist in erster Linie als Hafen nach Java von Interesse. Nächste Station in Richtung Süden ist Negara, Bezirkshauptstadt von Jimbaran. Die Siedlung war stets eher ländlich geprägt, selbst als sie im 19. Jh. Hauptstadt des Fürstentums Jembrana war. Aber nur an diesem Hof gedieh die musikalische Tradition des **Jegog**, einer Gamelan-Art, die auf übergroßen Bambusstücken gespielt wird. Ebenso außergewöhnlich sind die reinen Frauenorchester **Bunbung gebyog**.

An der Ruhe und Abgeschiedenheit Negaras hat sich bis heute nicht viel geändert. Deutlich lebhafter geht es freilich anlässlich der berühmten **Büffelrennen** (*Mekepung*) zu. In Negara werden zwei offizielle Bezirksrennen veranstaltet: der **Bupati Cup** am Sonntag vor dem Unabhängigkeitstag am 17. August und der **Gubernur Cup** zwischen September und November. Dazu kommen weitere Rennen auf den Dörfern. Die Gespanne müssen jeweils einen Feldkurs von etwa 2 km Länge absolvieren. Dabei werden sie er-

Halsbrecherisch balancieren die balinesischen ›Erben Ben Hurs‹ auf ihren ›Streitwagen‹

Eindrucksvoll thront der Tempel von Rambut Siwi auf dem Felsen hoch über dem Meer

staunlich schnell, bis zu 50 km/h sind möglich. Angefeuert werden sie von ihren Lenkern, die das Rennen auf wackligen zweirädrigen Wagen (*Cikar*) stehend fahren. Aber es gewinnt nicht unbedingt das schnellste Gefährt, denn die Jury berücksichtigt bei ihrer Siegerwahl auch Schönheit und Anmut der Gespanne.

i Praktische Hinweise

Information

Dinas Pariwisata/Jembrana Government Tourist Information, Jl. Surapati 1, Negara, Tel. 03 65/412 10-224, www.jembranakab.go.id

60 Pura Luhur Rambut Siwi

TOP TIPP *Überwältigend schöner Meerestempel über den anbrandenden Wellen rund 20 km südöstlich von Negara.*

Zwischen den winzigen Orten Air Satang und Yeh Embang zweigt eine schmale Stichstraße Richtung Meer zum Pura Luhur Rambut Siwi ab, dem ›Tempel zur Ehre des Haares‹. Der Sage nach soll ihn Mitte des 16. Jh. der Mönch Nirartha gegründet haben. Als größter Schatz wird hier ein Kopfhaar des heiligen Mannes aufbewahrt, daher der ungewöhnliche Name des Tempels.

Der Staatstempel steht auf einer Klippe. Entsprechend brustweitend ist der Blick von oben über die Felsenküste und den begleitenden Sandstrand. Dahinter muss sogar die Bewunderung für die reichen Steinmetzarbeiten im Inneren des Heiligtums zurückstehen. Hinzu kommen unzählige Frangipani-Bäume, deren weiße Blüten das Tempelgelände wie Schnee bedecken. Am Fuß des Tempelfelsens gähnen dunkel die Eingänge zu zwei heiligen Höhlen. Betreten ist verboten, denn sie gelten als Wohnstatt eines Drachens.

Nur wenig östlich von Pura Luhur Rambut Siwi liegt bei dem Dorf Pulukan der Strand von **Medewi**. Er ist nur über eine Piste zu erreichen, trotzdem wurde er wegen seiner hervorragenden Brandung zum Hotspot von **Surfern**, die von den ›langen Linkswellen‹ schwärmen, ›perfekt für Longboards‹. Die Wassersportler finden am Strand einige einfache Unterkünfte. Zum Schwimmen und Baden ist die Bucht wegen der starken Strömung aber nicht geeignet.

i Praktische Hinweise

Hotel

Medewi Beach Cottages, Pantai Medewi, Pekutatan, Tel. 03 61/852 85 21, www.medewibeachcottages.com. Ausreichend komfortable Bungalows am Strand. Auf Surfer eingerichtet, mit Swimmingpool und Restaurant.

Lombok – Insel der glitzernden Prinzessin

Rund 35 km östlich von Bali setzt Lombok die indonesische ›Perlenkette der Inseln‹ fort. Das 4725 km^2 große Eiland gehört zur Provinz Nusa Tenggara Barat und wird angesichts seiner hellen, feinsandigen Strände zunehmend für den Tourismus erschlossen. In diesem Zuge wurde auch ein neuer internationaler Flughafen, der Airport Bandara Internasional, bei Tanuk Awu im südlichen Zentrallombok in Betrieb genommen. Von ihm aus sind die feinsandigen **Strände** der Südküste nun schnell und bequem zu erreichen. Die **Naturschönheiten** im Westen und Norden Lomboks erreicht man aber, zumindest von der Nachbarinsel Bali aus, nun am einfachsten per Boot. Das gilt auch für Lomboks bekanntesten Strand, der die weite Bucht von Senggigi säumt. Mit anmutig geneigten Palmen und dem leicht anbrandenden Meer findet man hier geradezu Südseeromantik. Ebenfalls eine Reise wert sind die schönen **Tauch- und Schnorchelreviere** um die drei kleinen Inseln Gili Air, Gili Meno und Gili Trawangan, deren Korallenriffe in der Region ihresgleichen suchen.

Nordöstlich des zu einer großstädtischen **Inselmetropole** zusammengewachsenen Städtekonglomerats Ampenan, Mataram und Cakranegara locken dichte **Regenwälder**. Sie setzen die Vegetation der westlichen Nachbarinsel Bali fort. Dies ist um so erstaunlicher, als die beiden Inseln der bis zu 3 km tiefe **Wallace-Graben** trennt. Er stellt eine Scheide zwischen der malaio-asiatischen Flora und Fauna einerseits und der malaio-australischen andererseits dar: Östlich dieser Wassergrenze gibt es kein Großwild wie Nashörner, Elefanten oder Tiger mehr. Lombok selbst wirkt wie ein Bindeglied zwischen dem Westen und dem Osten Indonesiens, schließt sich doch an den waldigen, üppigeren Westen der gebirgige und kargere Osten an. Einen guten Überblick erlaubt der Pusuk-Pass, von dessen Scheitelpunkt man über dichtes Baumgrün weit ins nördliche Tiefland schauen kann.

Im Zentrum Lomboks schickt der gefährlich-schöne **Gunung Rinjani** von Zeit zu Zeit seine Rauchsäulen in den Himmel. Der 3726 m hohe Vulkan ist noch aktiv. Darüber kann auch das zauberhafte Seenauge Segara Anak in der Kratersenke nicht hinwegtäuschen, aus dessen Mitte wiederum ein jüngerer, ebenfalls aktiver Vulkankegel aufsteigt. Der beinahe von der ganzen Insel aus sichtbare, aber oft wolkenverhangene Rinjani gilt Lomboks Hindus, die überwiegend in der westlichen Ebene leben, als Sitz der Götter und damit als heiliger Berg.

Die rund 3,1 Mio. Einwohner Lomboks gehören zu rund 85 % der Volksgruppe der Sasak an und nehmen in der vielfältigen Bevölkerungskultur Indonesiens eine Sonderstellung ein. Nominell sind die im 16. Jh. islamisierten Sasak Moslems, entwickelten aber aus animistischen, hinduistischen und islamischen Elementen die eigene religiöse Ausprägung des **Wetu Telu** (auch: Waktu Telu). Als ältestes und wichtigstes Heiligtum dieses auf Lombok beschränkten Kultes gilt die Moschee in Bayan.

Einer der ältesten balinesischen Tempel ist dagegen der unweit davon bei Senggigi gelegene **Batu Bolong**. Sowohl Hindu- als auch Wetu-Telu-Gläubige beten in der ungewöhnlichen Tempelanlage von **Lingsar**, und auch das Badeheiligtum **Suranadi** wird von den Anhängern beider Religionen gleichermaßen besucht.

Oben: *Die Fahrt durch Zentrallombok ist ein herrliches Landschaftserlebnis*
Unten: *Fischerboote warten in Senggigi auf ihren abendlichen Einsatz*

Lomboks Westen und Süden – Tradition und Tourismus

Lomboks Geschäftswelt konzentriert sich um die Provinz- und Inselhauptstadt **Mataram** mit ihren Nachbargemeinden **Ampenan** im Westen und **Cakranegara** im Osten. Die Parole des hiesigen Distrikts lautet ›Patut Patuh Patju‹, was etwa mit ›Logik, Disziplin, Kontinuität‹ zu übersetzen ist.

Die westliche Ebene Lomboks ist geprägt von balinesischen Einflüssen, muslimische und hinduistische Heiligtümer bestehen hier gleichberechtigt nebeneinander. In dieser Region liegen die touristischen Brennpunkte der Insel, allen voran der wunderbare Strand von **Senggigi**. Auch an der Südküste befinden sich um **Kuta** superbe weite, weiße Sandstrände. Dazwischen liegt das Kernland der Sasak mit traditionellen Dörfern wie **Sade** und Handwerkszentren wie **Sukarara**. Von der West-Ost-Hauptstraße über Praya bieten sich Abstecher in die südlichen Bergregionen an, etwa in das waldumgebene Dorf **Tetebatu**.

61 Ampenan

Geschäftigen Küstenstadt mit teils noch niederländischer Architektur.

Ampenan an der Westküste Lomboks gehört zum Städtekonglomerat um die östlich gelegene Provinzhauptstadt Mataram. Noch bis ins 20. Jh. war Ampenan an der Mündung des Flusses Jangkok die bedeutendere von beiden Städten. Immerhin betrieben hier die Niederländer ihren wichtigsten Hafen der Insel. Heute ragen von den Kaianlagen nur noch die verwitterten Überreste der hölzernen Mole aus dem Wasser.

Trotzdem lohnt ein Spaziergang durch die kurze **Jalan Koperasi** 1 zum Hafengelände am Meer. Ihr letztes Stück bis zum weißen Tor am Strand wird Jalan Pabean genannt. Zur Zeit des Sonnenuntergangs ist hier am Ufer immer viel los. Die Einheimischen kommen gern zum Picknicken hierher und Kinder baden oder spielen Fußball. Leider sieht der Strand entsprechend dreckig aus und ein Bad im Meer ist nicht zu empfehlen.

Die Jalan Koperasi ist noch gesäumt von behäbiger holländischer Kolonialarchitektur mit schattigen Arkadengängen und breiten Toren. In diesen einstigen Lagerhäusern haben sich Kleinunternehmer niederlassen, so dass Gemischtwarenläden und einfache Restaurants die stimmungsvolle Stichstraße säumen. Kurz vor dem Tor zur Hafeneinfahrt liegt rechter Hand der kleine chinesische Tempel **Vihara Bodhi Dharma** 2. Mit seinem prächtigen rot-weißen Eingang ist er nicht zu verfehlen. Auch Besucher sind eingeladen, vor dem zentralen Buddha-Bildnis einen Glücksstab aus dem Bambusrohr zu schütteln oder vor einem der vier Seitenaltäre Räucherstäbchen zu entzünden. Eine kleine Spende ist angebracht, auch wenn man keine der angebotenen Opfergaben kauft.

Nur rund 100 m südlich liegt jenseits des Jangkok der neuzeitlich-schmucklose einstöckige Quaderbau des **Pasar Ampenan** 3. In dieser Markthalle sind Kleidungsgeschäfte und eine Spielhalle untergebracht. Außen drängen sich Buden, Stände und fliegende Händler, die täglich bis in den Nachmittag hinein ihre Waren – vor allem Nahrungsmittel – feilbieten. Hier warten stets zahlreiche *Cidomos*, die kleinen, bunt geschmückten Pferdewagen Lomboks, auf Kunden.

Nördlich breitet sich zwischen der Straße nach Senggigi und dem Meer der **Kampung Arab** 4 aus, das Arabische Viertel. Mehrere kleine Antiquitätengeschäfte haben sich auf Touristen spezialisiert, die durch dieses Viertel zu Fuß zum **Pura Segara Dalem** 5 am nördlichen Stadtrand von Ampenan schlendern. Der kleine Tempel ist schlicht gestaltet, die

Besichtigung der Höfe und der in naivem Stil bemalten zentralen Säule nimmt nicht viel Zeit in Anspruch.

Ausgedehnter könnte dagegen ein Spaziergang über den sich nördlich anschließenden **Chinesischen Friedhof** 6 ausfallen. Die zum Teil sehr farbenprächtigen Familiengräber sind nach Westen, zur untergehenden Sonne ausgerichtet. Allerdings führen keine festen Wege durchs Areal, so dass Besucher gelegentlich Schwierigkeiten haben, aus dem Meer der Grabstätten wieder herauszufinden. Für den Rückweg bietet sich der Weg am Strand entlang zur Jalan Koperasi bzw. zur Jalan Pabean an.

Praktische Hinweise

Hotels

**Nitour Inn, Jl. Yos Sudarso 4, Ampenan, Tel. 0370/623780. Kleines Stadthotel mit Restaurant und Bar im Osten zwischen Ampenan und Mataram.

Wisata, Jl. Koperasi 19, Ampenan, Tel. 0370/626971. Schlichtes, sauberes Hotel im Zentrum. Nur wenige hundert Meter zum Hafen oder zum Markt.

Restaurant

Cirebon, Jl. Yos Sudarso 113, Ampenan, Tel. 0370/621110. Eines von mehreren kleinen Restaurants in der Hauptstraße. Gute indonesische und chinesische Speisen, große Portionen.

62 Mataram

Großzügig angelegte Inselhauptstadt und repräsentativer Verwaltungssitz.

Erst Mitte des 20. Jh. trat das bis dahin unbedeutende Mataram aus dem Schatten des benachbarten Ampenan, als die indonesische Zentralregierung die Verwaltung der Insel und der Provinz Nusa Tenggara Barat (NTB, West Nusa Tenggara) hierher verlegte. Heute wirkt Mataram (400 000 Einw.) richtiggehend großstädtisch mit seinen breiten, baumbestandenen Straßen und repräsentativen Bauten wie dem weißen **Gouverneurspalast** 7 in der verkehrsreichen Jalan Pejanggik.

Einen guten Überblick über die Vielfalt Lomboks und der ganzen Provinz gibt das völkerkundliche **Museum Negeri Propinsi Nusa Tenggara Barat (NTB)** 8 (Jl. Panjitilar Negara 6, Tel. 0370/37503, Sa/So/Di–Do 8–14, Fr 8–11 Uhr), einfach *Mataram Museum* genannt. Der graue Gussbetonbau nimmt architektonisch Anleihen an Lomboks traditionellen Reisspeichern mit ihren hohen, geschwungenen, lanzenförmigen Dächern. Der Museumskomplex wirkt größer, als er tatsächlich ist. Ein Rundgang durch beide Ausstel-

Moschee von Mataram – auf Lombok ist der Islam die vorherrschende Religion

Selbstbewusst feiert die hinduistische Minderheit im Westen Lomboks ihre Zeremonien

Farbenfroh – die Musliminnen auf Lombok zeigen sich nur selten schwarz verschleiert

lungshallen dürfte kaum mehr als 1 Std. dauern. Die Exponate und Schautafeln reichen von der ersten Besiedelung des indonesischen Archipels über Landwirtschaft, Fischerei und Jagd bis hin zu Zahlungsmitteln und Kunsthandwerk. Leider sind die Beschreibungen meist nur in Bahasa Indonesia, aber für ausländische Gäste werden auf Wunsch Führungen in englischer Sprache arrangiert.

Keine allzu hohen Erwartungen sollten an einen Besuch beim **Grab des Generals Van Ham** 9 in Karang Jangkong geknüpft werden. Der Vize-Befehlshaber der niederländischen Truppen kam 1894, beim ersten – fehlgeschlagenen – Einmarsch der Niederländer ums Leben. Sein Grab (*Makam*) liegt versteckt in einem etwa 3 x 3 m großen, abgeschlossenen Hof an der südwestlichen Ecke des Pura Dalem von Mataram an der Jalan Panca Usaha. Auf der basaltdunklen, schmucklosen Stele im Inneren ist zu lesen: ›Generaal Mayor P.P.H. Van Ham, Ridder M.W.O. 4e KL, Geboren 10 Feb 1839, Gesneuveld 26 Aug 1894‹.

Gunungsari 10, ein Vorort im Norden von Mataram, ist für seinen bunten Markt bekannt, auf dem Sasak-Frauen täglich von 7–11 Uhr Früchte, Obst, Fisch und Geflügel anbieten. Daneben werden qualitätvolle Bambusmöbel und Kisten aus Palmholz hergestellt und verkauft.

Praktische Hinweise

Information

West Nusa Tenggara Regional Tourism Office, Jl. Singosari 2 (im Südwesten), Mataram, Tel. 0370/634800, www.indonesia-tourism.com/west-nusa-tenggara. Informationen zu Lombok und zur Nachbarinsel Sumbawa.

Hotels

*****Lombok Raya**, Jl. Panca Usaha 11, Mataram, Tel. 0370/632305, www.lombokrayahotel.com. Großes Stadthotel (135 Zimmer) im westlichen Stil, zentral zwischen Mataram und Cakranegara. Zwei Restaurants im Haus. Bar, Spa, Pool.

Handika, Jl. Panca Usaha 3, Mataram, Tel. 0370/635049. Freundliches Haus mit 32 Zimmern in verschiedenen Preis- und Komfortklassen. Zentral, mit Restaurant.

Restaurants

Dirgahayu, Jl. Cilinaya 10, Mataram, Tel. 0370/637559. Bescheidenes Äußeres, aber 1a lokale Küche. Genau das Richtige, um etwa Pelecing kangkung, Wasserspinat in würziger Tomatensoße, oder Kare kilil, Kalbsfuß-Curry, zu probieren.

TOP TIPP **Sayang**, Jl. Bung Karno 16, Mataram, Tel. 0370/62 53 78, www.villasayang-lombok.com. Das Restaurant des gleichnamigen Hotels bietet gute Sasak-Küche (scharf!). Wer das köstliche Brathuhn, Ayam Taliwang, probieren möchte, muss vorbestellen.

63 Cakranegara

Bunter, umtriebiger Markt und das größte Hindu-Heiligtum Lomboks.

Im Osten geht Mataram in Cakranegara über, das lebhafte Geschäftszentrum unter den drei zusammengewachsenen Städten. Zahlreiche Einkaufszentren bemühen sich den ganzen Tag über TOP TIPP um Kunden. Den zentralen **Pasar** ⑪ betritt man durch eines der drei Tore im Süden, Westen oder Norden. In den ebenerdigen Ständen und einstöckigen Gebäuden drängen sich die Geschäfte dicht an dicht. Obst und Gemüse, Antiquitäten und Möbel, Kleidung, lebende Tiere – das Angebot ist farbenprächtig, die Gerüche exotisch. Dazwischen schieben sich in den schmalen Durchgängen Schau- und Kauflustige.

Im Osten verbinden knapp 1 m breite Gassen den Markt mit dem angrenzenden Wohn- und Gewerbeviertel. Es lohnt sich, den kurzen Weg durch Gang I zur Weberei **Sari Bunga** (Jl. Umarmaya/Gg. Perku tut 18, tgl. 8–22 Uhr) zu suchen oder einen Standbesitzer danach zu fragen. In der Familienweberei klappern die Webstühle Tag und Nacht. Besucher können sich ein Bild von einheimischen Webtechniken machen, etwa dem aufwändigen Ikat-Verfahren. Rund zwei Tage braucht eine erfahrene Weberin, um 1 m einfachen Ikat-Stoff herzustellen. Die Erzeugnisse der fleißigen Frauen können im angrenzenden Laden erworben werden.

Nur 300 m östlich vom Markt befindet sich auf derselben Straßenseite in der

Einige Häuser in Cakranegara erinnern architektonisch an die holländische Kolonialzeit

Jalan Selaparang der **Pura Meru** ⑫, das größte hinduistische Heiligtum auf Lombok. Der Tempel war 1720 unter Prinz Anak Agung Made Karang erbaut worden. Er wollte hier ein hinduistisches Zentrum schaffen und so mehrere hinduistische Stadtstaaten im Westen Lomboks vereinen – was nicht gelang. Im dritten Hof des großen, aber relativ schmucklosen Tempels stehen 33 einstufige, palmblattgedeckte Schreine (*Sangar*) für die balinesischen Gemeinden Lomboks. In ihrer Mitte erheben sich gegenüber einem kleinen Ziehbrunnen drei hohe Meruh. Sie symbolisieren Trimurti, die göttliche Dreieinigkeit, und jedem ist einer von drei für Hindus heiligen Berge Indonesiens zugeordnet. Der mittlere, elfstufige Meruh steht für Wishnu und den Gunung Rinjani auf Lombok. Der neunstufige Schrein im Süden ist Shiva und dem javanischen Gunung Merapi Semiru gewidmet. Das siebenstufige Dach im Norden versinnbildlicht die irdische Wohnstatt Brahmas bzw. den Gunung Agung auf Bali. Das Odalan wird jedes Jahr im Juli mit großem Zeremoniell begangen.

Nördlich gegenüber dem Pura Meru erstreckt sich der königliche Lustgarten **Taman Mayura** ⑬. Kernstück der 1744 gegründeten Parkanlage ist der Bale Kambang, der ›Schwimmende Pavillon‹. Er liegt inmitten eines ausgedehnten, rechteckigen Lotosteichs, der einst als Rats- und Gerichtsgebäude diente. Über einen

Die zwei höchsten Türme des Pura Meru von Cakranegara sind Wishnu und Shiva geweiht

steinernen Steg kann man hinüberspazieren. Dieser luftigen Sommerfrische des balinesischen Hofes auf Lombok verdankt der Taman Mayura die Bezeichnung ›Wasserpalast‹. Der Name scheint aber trotz der alten Steinfiguren und des geschnitzten und bemalten Balkenwerks übertrieben. Im Osten des baumbestandenen, gepflegten Gartens schließen mehrere Tempel die Anlage ab.

Am östlichen Stadtrand von Cakra wuselt das Leben in **Sweta** 14 auf dem Markt, dem größten von ganz Lombok. Hier befindet sich auch der zentrale Busbahnhof der Insel. Richtung Süden kann man im Stadtteil **Senganteng** 15 in zahlreichen Gehöften bei der Herstellung von *Krupuk kulit* zuschauen, köstlichen Büffelhaut-Chips.

Weitere Shoppingmöglichkeiten im Stadtgebiet von Cakranegara bieten die Fabrikverkäufe der beiden größeren Webereien **Rinjani Handwoven** (Jl. Pejanggik Tel. 0370/633169, Mo–Do und Sa 8.30–20.30, Fr 8.30–11 Uhr) nahe der Mataram Mall sowie **Slamet Riady** (Jl. Tanum 10, Tel. 0370/631196, tgl. 8–18 Uhr) unweit des Puri Mayura. Eine reiche Auswahl an Möbeln und Kunsthandwerk finden sich stadtauswärts in den auf Touristen eingestellten Läden an der Jalan Hasanuddin, etwa im **Lombok Handicraft Centre** (tgl. 9–18 Uhr) oder im **Sayang Sayang Art Market** (tgl. 9–18 Uhr). Wer sich für Keramik interessiert, sollte in der entgegengesetzten Richtung, im Süden, das **Lombok Pottery Centre** (Jl. Sriwijaya 111 A, Tel. 0370/640351) besuchen.

i Praktische Hinweise

Hotel

****Zaitun Selaparang**, Jl. Pejanggik 40–42, Cakranegara, Tel. 0370/632670. Zweckmäßiges, zentral gelegenes Hotel schräg gegenüber der Mataram Mall.

Kampf der Götter – elegante Malerei im Wayang-Stil ziert den Taman Mayura in Cakranegara

64 Pura Gunung Pengsong

Kleiner Bergtempel mit überragender Aussicht auf das Umland.

Einen Ausflug wert ist der Gunung Pengsong 9 km südlich von Mataram, dessen Spitze ein bescheidener Tempel krönt. Schon die Anfahrt vorbei an Reisfeldern und kleinen Gehöften ist sehr stimmungsvoll. In der flachen Landschaft sieht man die nur knapp 200 m hohe Erhebung als Landmarke schon von Weitem. Aber sogar dieser vergleichsweise niedrige Hügel will bezwungen sein. Anfangs sind die Stufen, die vom Parkplatz hinaufführen, noch kniehoch, was das Steigen besonders anstrengend macht. Zwar werden sie oben niedriger, doch die Erleichterung währt nicht lange, denn kurz unter dem Gipfel hört die Treppe ganz auf, und Besucher müssen ihren Weg über die Felsen suchen. Oben angekommen, wird man für die Anstrengung reichlich belohnt. Weit schweift der Blick über die fruchtbare Ebene, im Westen liegt das Meer, Bali ist deutlich zu erkennen, im Südwesten kann man den Hafen von Lembar ausmachen, und bei schönem Wetter ist östlich der Gunung Rinjani ein erhebender Anblick.

Der Tempel mit seinen drei Schreinen ist nur mäßig interessant. Der östliche ist dem Gunung Rinjani geweiht, der südliche dem Meranggu und der nördliche dem Pangsung. Weitere kleinere Schreine und Grabstelen verbergen sich im Gebüsch auf der recht steil abfallenden Ostseite des Pengsong-Hügels.

65 Lingsar

Hindus und Muslimen gilt dieser Ort gleichermaßen als heilig.

Eine Tempelanlage besonderer Art ist 10 km östlich von Mataram der wie ein Schmuckstück von Reisfeldern gefasste Pura Lingsar (tgl. 7–18 Uhr), das Heiligtum des Wasserrauschens (Ling = Stimme, Sar = Wasser). Er war 1714 als Hindutempel erbaut worden, doch heute teilen sich die beiden Hauptreligionen Lomboks die heilige Stätte. Im nördlichen, etwas höher gelegenen Abschnitt (*Gaduh*) beten Hindus, der südliche (*Kemalik*) ist Wetu-Telu-Muslimen vorbehalten. Zwei der vier Schreine im hinduistischen Tempel stehen für die Göttersitze Gunung Agung auf Bali und Gunung Rinjani auf Lombok. Der Doppelschrein dazwischen symbolisiert die Einheit der hinduistischen Bevölkerung von Bali und Lombok. Die große Attraktion im muslimischen Teil ist ein kleines Steinbecken, in dessen klarem Quellwasser heilige Aale leben. Die Tiere lassen sich gerne mit hart gekochten

Hinreißende Farben und Muster stehen etwa in der Weberei von Sari Bunga zur Auswahl

Im Westen Lomboks ist der Hinduismus mit Göttern und Dämonen allgegenwärtig

Sanft erhebt sich der grüne Gunung Pengsong in der Ebene südlich von Mataram

Eiern füttern, die man vor dem Pura Lingsar kaufen kann.

Rechts vom Eingang zu der weitläufigen Anlage ziehen sich über beinahe die gesamte Länge hinter einer schützenden Mauer Badebecken hin. Sie werden aus heiligen Quellen gespeist und auch hier findet sich ein Becken mit heiligen Aalen.

Ungewöhnliches kann man Mitte Dezember beim **Perangketupat-Fest** beobachten, wenn sich in Lingsar Hindus und Muslime in einer halb scherzhaften, halb rituellen Konfrontation gegenseitig mit Reiskuchen bewerfen. Heute weiß niemand mehr, wann und warum dieser Brauch entstand.

Karang Bayan

Empfehlenswert ist ein Spaziergang durch die Sasak-Siedlung Karang Bayan nordwestlich von Lingsar. Anders als in den zu einer Art Museum konservierten Dörfern des Südens stehen hier neben traditionellen Häusern auch modernere Bungalows neuer Bauart. Karang Bayan ist eine organisch gewachsene Kommune, in der man sich über Besucher freut. Jeden Mittwoch um 9 Uhr morgens wird auf dem Versammlungsplatz 500 m links vor dem Ortseingang ein einheimischer Tanz aufgeführt.

Sehr schön ist der kurze, aber steile Abstieg vom Tanzplatz in das Tal des **Meninring-Flusses**, der sich wild schäumend seinen Weg zwischen riesengroßen, rund geschliffenen Findlingen sucht.

Babylonische Sprachvielfalt

Auch die Sasak, wiewohl überwiegend Muslime, teilen sich in drei Bevölkerungsschichten (Grobak) bzw. soziale Kasten. Angehörige der Priestergruppe **Jero** nennen sich Radent und Lalu, fürstliche Familienmitglieder und andere Würdenträger der **Bape** tragen die Titel Lalu und Bei. Das ›normale‹ Volk besteht meist aus **Pemakal**, deren Männer Amak und Frauen Dedarre heißen. Jede Gruppe verfügt über eine eigene Sprache. Große Festlichkeiten wie Hochzeiten oder Beschneidungen werden allerdings in der sogenannten ›alten Sprache‹ **Adji Kerama** nach alten Lontar-Aufzeichnungen zelebriert – auch wenn sie kaum noch jemand versteht. Außerdem unterscheiden sich die Sasak-Sprachen im Süden (Meriak Merikuk) und im Norden (Bayan) Lomboks grundsätzlich voneinander. Zur Verständigung untereinander wird auf das Bahasa Indonesia zurückgegriffen.

66 Suranadi

Bedeutendes hinduistisches Badeheiligtum am Rand eines Naturparks.

Nur wenige Kilometer östlich von Lingsar wird die Landschaft hügeliger und waldig. In Suranadi, einem Dorf an den Hängen des Bergvorlandes, entspringt eine heilige Quelle, um die das älteste Hinduheiligtum Lomboks entstand. In den Felsnischen der Quellbecken leben heilige Aale, die sich von einem der meist anwesenden Priester mit hart gekochten Eiern (selbst mitbringen) oder durch leichte Schläge an die Umfassungsmauer hervorlocken lassen. Die Tiere sind beeindruckend groß und überwältigend gefräßig. Durch die munter murmelnden, klaren Bäche, die das kleine Tempelgelände durchfließen, wandern sie in das zweite Becken, das etwas hangaufwärts im Schatten des Waldes liegt.

Der **Pura Suranadi** ist an den Wochenenden beliebtes Wallfahrts- und Ausflugsziel; oft übernachten ganze Gruppen von Pilgern in den dafür vorgesehenen Bale des ersten Hofes. Ein kleiner Markt und viele chinesische Restaurants bieten den Besuchern alles Nötige.

TOP TIPP Quellbad Suranadi

Schräg gegenüber dem Tempel zeigt sich das Suranadi-Hotel am Hang sowohl im Baustil der Kolonialzeit als auch mit Elementen der einheimischen Architektur. Im Garten befindet sich neben dem Hotelrestaurant ein ca. 10 x 5 m großes, öffentliches Schwimmbad (tgl. 6–21 Uhr). Es wird aus der heiligen Quelle sowie aus diversen Bergbächen gespeist. Das kühle Wasser ist klar, deutlich sieht man den kieselbedeckten Boden. Ein Bad hier gehört zu den erfrischendsten Abwechslungen an einem heißen Tag, auch wenn man nicht an die dem Wasser zugeschriebenen Heilkräfte glaubt. Vor allem sonntags ist entsprechend viel los.

Hutan Wisata

Gleich links vom Pura Suranadi öffnet sich der Eingang zum **Naturpark Taman Wisata Hutan Suranadi** (tgl. 8–17 Uhr), der sich 52 ha bergan erstreckt. Der dichte Wald schafft nach dem gleißenden Sonnenlicht draußen ein gedämpftes Halbdunkel. Hirsche und Rotwild wird man zwar in diesem ehemaligen Jagdgebiet der balinesischen Rajas kaum zu Gesicht bekommen, aber braune Affen, Vögel und Schmetterlinge gibt es reichlich zu sehen. Außerdem haben hier zwei zahme Elefanten aus Sumatra ein neues Zuhause gefunden. Im Übrigen ist allein schon ein Spaziergang unter den hohen Mahagoni- und Fikusbäumen, vorbei an Ram-

Verhältnismäßig schmucklos präsentiert sich der Eingang zum Tempel von Lingsar

Bambus- und Korbwaren gehören zu den beliebtesten Souvenirs auf Lombok

butan, Durian und Jackfrucht, ein Genuss. Zu Fuß kann man mehrere Stunden durch das Areal wandern.

Praktische Hinweise

Hotel

***Suranadi Hotel**, Jl. Raya Suranadi 1, Suranadi, Tel. 0370/633686. Mit der einfachen Ausstattung der Gästezimmer versöhnt die schöne Lage beim Wald und an den Quellen.

67 Narmada

Einst königlicher Sommerpalast der Fürsten von Karangasem.

Narmada trägt nicht umsonst den Beinamen Kota Air, ›Stadt des Wassers‹. Seine herrlichen **Terrassengärten** (tgl. 7–18 Uhr) erstrecken sich über 7,5 ha um von Badebecken und einem künstlichen See. 1772 ließ König Anak Agung Gede Ngurah Karangasem die Gärten als Nachbildung des Gunung Rinjani mit dem Kratersee Segara Anak anlegen. Es geht die Geschichte, dass der Fürst seine jährliche Wallfahrt auf den Gipfel des Gunung Rinjani hier im Kleinen vollzog, nachdem er für die tatsächliche Besteigung des Berges zu gebrechlich geworden war. Andererseits mag es auch stimmen, dass er sich vor allem am Anblick seiner badenden Frauen erfreute.

Heute planschen vor allem Kinder und Jugendliche unbeschwert im kühlen Nass der großen Becken oder tummeln

Cidomos, Lomboks kleine Pferdekutschen, sind als Transportmittel allseits beliebt

Bei Ota Kokok hängen Tabakblätter in langen Reihen zum Trocknen

sich bei den Wasserspielen. Störend wirkt das inmitten der historischen Anlage errichtete moderne Sportbad, das obendrein meist geschlossen ist. Auch das einfache Ziegelhäuschen mit der Quelle des ›Jungbrunnens‹ (*Air Awet Muda*) darf nur nach Vereinbarung mit einem Hindupriester und mit Opfergaben betreten werden. Ansonsten bieten auf den schattigen Wegen der Terrassen zahlreiche Händler T-Shirts, Kunsthandwerk und Sarungs an. Erfrischungen gibt es nur außerhalb zu kaufen, zum Beispiel in den Warungs auf dem gegenüberliegenden kleinen Markt von Narmada.

68 Ota Kokok

Beliebter Badeplatz für Einheimische.

Die schmale Landstraße von Narmada Richtung Berge führt mitten durch das Herz des hiesigen Tabakanbaugebiets. Fensterlose Ziegeltürme stehen zwischen den Feldern, in denen nach der Ernte die noch grünen Tabakblätter über schwelendem Feuer getrocknet und fermentiert werden. Ein weiteres wirtschaftliches Standbein der Region ist die Ziegelherstellung aus rötlichem Ton.

Nach einem letzten steilen Wegstück liegen die **Quellen** von Ota Kokok am Ende der Straße links im Tal. Das frische Quellwasser sammelt sich in natürlichen Felsbecken am grün überwucherten Hang. Es wird auch in ein gekacheltes Schwimmbecken geleitet, das trotz des verlockenden funkelnden Wassers leider nicht den saubersten Eindruck macht. Die Anlage ist in mehreren Terrassen angelegt, im ausgedehnten Garten laden vereinzelte Pondoks zum Picknicken ein.

69 Loyok und Kotaraja

Kleine Dörfer – groß im Flechten.

Das Dorf Loyok in Zentrallombok machte sich einen Namen als Herstellungsort feiner **Flechtwaren**. In den Läden rings um die einzige Straßenkreuzung sind denn auch Körbe, Taschen, Etuis und Matten dicht an dicht ausgestellt. Sie werden in den Hinterzimmern und angrenzenden Werkstätten in Heimarbeit aus Bambus, Gras und Rattan gefertigt. Es ist erstaunlich, mit welcher Fingerfertigkeit aus den Bündeln gespaltenen Bambusrohrs die filigranen, oft bunt gemusterten Kunstwerke entstehen.

Der nördlich von Loyok gelegene Verkehrsknotenpunkt Kotaraja genießt ebenfalls einen guten Ruf in Sachen **Kunsthandwerk** und Flechterei. Der kleine Markt ist aber mehr auf einheimische Bedürfnisse zugeschnitten. Den stolzen Namen Kotaraja, ›Stadt der Könige‹, verdankt der Ort zwei Prinzen von Langko, die vor mehreren hundert Jahren hierher flüchteten.

70 Tetebatu

Ausgedehntes Waldwandergebiet in kühler Bergregion.

An den südlichen Ausläufern des Rinjani-Massivs liegen in rund 400 m Höhe verstreut die Häuser des Dorfes Tetebatu. Nördlich beginnen bereits die immergrünen Wälder der mittleren Berglagen. Das moderate Klima und die zum Wandern wie geschaffene Umgebung haben sich unter Touristen herumgesprochen, sodass mittlerweile eine Reihe von Losmen die bergan führende Straße säumen. Die Sackgasse endet rechts hinter dem Ojek-Treffpunkt der dörflichen Motorradjugend beim herrlich gelegenen Soedjono-Hotel (s. u.).

Von der Weggabelung geht es nach links 4 km auf ausgeschilderten Pfaden in nordwestlicher Richtung zum **Hutan Wisata**. In den hohen Mahagonibäumen dieses ›Besucherwaldes‹ leben unzählige kleine schwarze Affen, die jedes Eindringen in ihr Revier mit aufgeregtem Kreischen quittieren.

6 km östlich von Tetebatu ergießt sich der **Air Terjun Jukut** über eine grün überwucherte Talwand. Der Wasserfall ist nicht hoch, aber im dichten Dschungel ein wohltuender Anblick.

Ledang Nangka

Zu Fuß oder mit einem Cidomo ist das 7 km südlich von Tetebatu gelegene Dorf Ledang Nangka leicht zu erreichen. Hier kann man in offenen Betrieben entlang der Hauptstraße **Schmiede** bei der Arbeit beobachten. Sie stellen mit einfachen Werkzeugen meist Messerklingen oder Hufeisen her.

Vor allem im Hochsommer hat man in und um Tetebatu, namentlich in Ledang Nangka, Gelegenheit, einem **Peresehan-Wettkampf** zuzuschauen, einem Stockkampf der Sasak. Bei dieser Mischung aus Unterhaltung, Kraft- und Geschicklichkeitsübung mit religiösem Einschlag gehen zwei Männer mit langen Bambusstangen aufeinander los. Zur Abwehr der gegnerischen Schläge und Stöße dient ein kleiner, rechteckiger, mit Büffelleder bespannter Schild. Ein Schiedsrichter beaufsichtigt die Kämpfe, trotzdem geht es dabei oft recht rau zu und groß ist die Ehre des Siegers. Anders als auf Bali werden solche Wettkämpfe auf Lombok nicht öffentlich angekündigt; wer zusehen will, sollte sich gezielt erkundigen.

Das Hotel Soedjono in Tetebatu erinnert mit hohen Giebeln an traditionelle Kornspeicher

Martialische Traditionen haben bis heute Bestand: Stockkämpfer bei Tetebatu

i Praktische Hinweise

Hotels

Pondok Tetebatu, an der bergwärts führenden Dorfstraße, Tetebatu, Tel. 0376/632581. Zwölf einfache Zimmer, vermietet von der deutschen Besitzerin.

Wisma Soedjono, Tetebatu Sikur, Tel. 0376/21309. Von Wald umgebenes Haupthaus in holländischer Kolonialarchitektur mit verblichenem Charme. Dahinter am Hang 33 Bungalows in traditionellem Lombok-Stil. Restaurant.

71 Pringgasela

Wenig touristisches Weberdorf.

Beim Gang durch Pringgasela hört man aus allen Häusern das rhythmische Klappern der Webstühle. Songket- und Ikat-Stoffe stellen die Frauen hier her. Dabei arbeiten sie in der Regel mit traditionellen beweglichen Webrahmen, die um die Hüften geschnallt werden. So entstehen ca. 50 cm breite Stoffbahnen, die erst später zu farbenprächtigen Decken und Sarungs zusammengenäht werden.

Oft sieht man an der staubigen Hauptkreuzung von Pringgasela die Männer beim Kreiselspiel. Dieses **Gansing** ist eine durchaus ernste Angelegenheit, bei der zwei Gruppen – oft aus verschiedenen Dörfern – mit Geschick und Taktik versuchen, die gegnerischen Kreisel (König, Minister etc.) aus dem Rennen zu werfen. Nicht selten geht bei solchen Turnieren die Wettleidenschaft mit den Zuschauern durch und schnell kommt auch der Verdacht auf, eine Partei habe mit Hilfe von Schwarzer Magie manipuliert. Wie ernst dieses Spiel genommen wird, belegen die Kosten: Für einen metallverstärkten Kreisel aus besonders hartem Tamarindenholz kann man ein wahres Vermögen bezahlen.

i Praktische Hinweise

Hotel

Rainbow Rasta, bei Suhaidi Rangga, Pringgasela, Tel. 0376/622298. Einfache, saubere Zimmer mitten im Dorf, Familienanschluss garantiert. Der Besitzer Rangga spricht Deutsch und Englisch.

72 Sukarara

Bekanntestes der traditionellen Weberdörfer.

Über mehrere Kilometer erstreckt sich das lang gezogene Weberdorf, dessen Besuch zum Standardprogramm jedes Reiseveranstalters auf Lombok gehört. Es ist interessant, die Vorführungen der traditionell gekleideten Weberinnen – sie tragen ein schwarzes, an den Rändern farbig eingefasstes Oberteil zum Sarung – zu beobachten, die hier die alte Kunst des Handwebens demonstrieren.

Allerdings bleibt es fraglich, ob ein Einkauf in einem der angrenzenden Läden wirklich ein so gutes Geschäft ist, wie Führer oft anpreisen. Unzweifelhaft finden Besucher hier eine breite Auswahl schöner Stoffe. Aber Sukarara ist auch für seine hohen Provisionen bekannt, die natürlich auf die Preise aufgeschlagen werden.

73 Penunjak

Das schnell wachsende Dorf gilt als Zentrum der Töpferei Lomboks.

Auf der Straße werden große Tonkrüge für den Versand verpackt und in den Hinterhöfen stehen die einfachen Ziegelöfen der Töpferfamilien. Penunjak ist für seine rot-schwarzen Töpferwaren berühmt. Es gibt wohl kaum einen besseren Ort auf Lombok, um bei der Herstellung zuzusehen oder in einem der zahlreichen Geschäfte entlang der Hauptstraße aus der reichen Auswahl ein Erinnerungsstück auszusuchen. Dabei ist die Töpferei auf Lombok relativ jungen Datums. Noch in der zweiten Hälfte des 20. Jh. stellten nur vereinzelte Familien Töpfe, Schalen und andere Gebrauchsgegenstände aus Ton her. Aber als der Tourismus und internationale Entwicklungshilfeprojekte für wachsende Nachfrage sorgten, verlegten sich bald ganze Dörfer auf dieses Handwerk. Besonders hübsch sind die äußeren feinen Rattanumflechtungen, die der zerbrechlichen Ware zusätzlichen Halt und Schutz gewähren.

i Praktische Hinweise

Flughafen

Bandara International Airport Lombok (LOP), Tanak Awu (ca. 10 km südlich von Praya, ca. 35 km südöstlich von Mataram), www.bumn.go.id/angkasapura1/galeri/foto/bandara-internasional-lombok. Im Oktober 2011 eröffneter Flughafen. An- und Abfahrt bislang lediglich mit Taxis; Bemos außerhalb des Geländes.

74 Sade

Bekanntes Sasak-Dorf im Süden, das sich als eine Art Freilichtmuseum darbietet.

Gut ausgebaut ist die Straße über Praya und Sengkol nach Süden, Richtung Kuta. An ihr liegt linker Hand auf einem steilen Hügel das palisadenumgebene Sade, das zum Dorfverband von Rembitan gehört. Viele Touristenbusse finden den Weg hierher, hat sich der Ort doch den traditionellen Aufbau und die althergebrachten Hausformen größtenteils erhalten. Ein steiler, mit breiten Steinplatten gepflasterter Hohlweg führt vom Fuß des Hügels hinauf ins eigentliche Dorf. Unten bieten sich junge Männer als Führer an, obwohl sie meist nicht aus dem Dorf stammen. Oben wird jedenfalls nach dem obligaten Eintrag ins Gästebuch ein Obolus für die Dorfkasse erwartet.

Ein Rundgang durchs alte Sasak-Dorf ist interessant, schon wegen der traditionellen hölzernen Stelzenhäuser und der Kornspeicher mit den hohen Giebeln. Daneben drängen sich Wasserbüffel in ihrem Gatter. Früher wurden unten in den Häusern Tiere gehalten, in der Mitte lebten die Menschen und oben lagerten Vorräte. Aus hygienischen Gründen hat jedoch die indonesische Regierung die Tierhaltung im Haus verboten.

Vor den Häusern sitzen die Frauen in Gruppen beisammen, der Eintritt in die Gebäude wird gern erlaubt, zumal bei dieser Gelegenheit lokale Webarbeiten angeboten werden. Die Stücke sind oft sehr schön, aber meist teurer als auf dem Markt in Sweta. Und wenn gar eine Frau die Hand ausstreckt und um Geld bittet – ›Untuk nasi‹, ›für etwas Reis‹ –, dann erhält die hier zur Schau gestellte Einheimischen-Romantik schnell einen schalen Beigeschmack.

Auf der rechten Straßenseite in Richtung Kuta schimmert das Blechdach einer **Moschee**. Sie gilt als typisch für den Stil der Wetu-Telu-Muslime, ist jedoch für Andersgläubige nicht zugänglich.

In Penunjak werden in Heimarbeit viele unterschiedliche Töpferwaren geformt und gebrannt

75 Kuta

Weißsandiges Strand- und Surfidyll im Süden Lomboks.

Es scheint, als müsste das kleine Dorf Kuta mit seinem breiten, weißen Sandstrand **Mandalika** und dem sanft anbrandenden Meer aus dem Dornröschenschlaf erwachen. Vom neuen Flughafen bei Praya dauert die Anfahrt lediglich noch eine Stunde und Pläne für eine großflächige Erschließung (www.mandalikaresortlombok.com) der ganzen Region bestehen ebenfalls bereits.

So mischen sich bereits gehobene Hotelanlagen unter die einfachen *Losmen*, Restaurants, Tauch- und Surfschulen, die bislang den langen wunderschönen Sandstrand von Kuta und seinen nicht minder romantische Nachbarbuchten lose säumten. Die Bewohner

Trockenreisanbau herrscht vor, trotzdem sieht man im Herzen Lomboks auch Reisterrassen

Noch präsentieren sich die hellsandigen Traumstrände von Kuta in weiten Teilen unberührt

Kutas sind jedenfalls überzeugt, dass ihr Heimatort Senggigi als touristisches Zentrum Lomboks ablösen wird.

Die natürlichen Gegebenheiten stimmen: Es warten breite Sandstrände, Anpflanzungen sorgen für Schatten und stetig lockt das tiefe Blaugrün des Meeres. Kuta ist ein schönes Stück Erde und es steht zu hoffen, dass es behutsam erschlossen wird.

TOP TIPP Tanjung A'an

5 km östlich von Kuta, an der Straße nach Gerupuk, locken Wind und Wellen **Surfer** mit idealen Bedingungen. Der weite Sandstrand ist blendend weiß und noch nicht bebaut. Lediglich einige Händler bieten während der Saison in der fast halbkreisförmigen felsumsäumten Bucht ihre Waren an.

Weitere bilderbuchschöne Surfbuchten Richtung Osten sind **Guling**, **Mawi**, **Mawun** und **Selong Belanak**. Wenn es geregnet hat, sind sie allerdings leichter mit dem Boot zu erreichen als über die stellenweise schlechte Piste.

Nur wenige Kilometer westlich von Kuta sind Surfer von den rechtsbrechenden Wellen in **Are Goling** und **Seger Beach** begeistert.

i Praktische Hinweise

Hotels

****__Novotel Lombok, Mandalika Resort__, Pantai Putri Nyale (zwischen Kuta und Tanjung A'an), Tel. 0370/6153333, www.novotellombok.com. Überschaubare Komfort-Anlage am prächtigen Sandstrand. 74 Zimmer und 25 Bungalows im Sasak-Stil. Bars, Restaurants, Pool, Kids Club, Spa, Wassersport.

***__Aerotel Tastura Kuta Lombok__, Jl. Raya Pantai Kuta, Tel. 0370/6155540, www.aerowisata.com. Neues (2011 eröffnet) familiäres Komforthotel, nur wenige Meter vom Hauptstrand entfernt. Surfer sind gern gesehene Gäste.

Segara Anak Bungalows, Pantai Kuta, Kuta, Tel. 0370/6154846, www.segaraanakbungalow.com. Einer der ersten Homestays in Kuta/Lombok, heute nette Bungalows in großem Garten am Strand.

Sport

Kimen Surfshop, Jl. Raya Kuta, Kuta – Mawun, Tel. 0370/655064, www.kuta-lombok.net. Alles über und zum Surfen, aber auch Auskünfte und Vermittlung von Hotels, Verkehrsmitteln, Touren.

Heroisches Opfer

Den Beinamen **Insel der glitzernden Prinzessin** verdankt Lombok der Geschichte um Prinzessin Putri Nyale. Der Sage nach hielten viele Bewerber um ihre Hand an. Sie wollte aber keinen von ihnen zurückweisen und stürzte sich um der gesellschaftlichen Harmonie willen an dem nach ihr benannten Strand bei Kuta ins Meer.

Dabei starb die Prinzessin aber nicht, sondern verwandelte sich in **Nyale-Würmer**. Diese kehren seitdem jedes Jahr in einer einzigen Nacht zurück, am 19. Tag des 10. Monats des Sasak-Kalenders (Februar/März). Meer und Sand sind dann geradezu übersät von Myriaden dieser Tiere, deren Leiber bei jeder Bewegung geheimnisvoll glitzern. Die Einheimischen sammeln so viele wie möglich in Körbe und Säcke, um später damit ihre Felder zu düngen.

Bis in die Morgenstunden dauert die harte Arbeit. Das anschließende **Fest** ist eines der ausgelassensten der Insel. Vor allem Heranwachsende haben dabei ihren Spaß, da zu diesem besonderen Anlass die sonst so strengen erwachsenen Wächter über Sitte und Anstand schon mal ein Auge zudrücken.

76 Sekotong

Surfstrände an kristallklarem Meer warten auf Entdeckung.

Die südwestliche Halbinsel Sekotong (auch: Batugendeng) mit dem Hauptort Pelangan rühmt sich, vor dem kleinen Ort **Bangko-Bangko** im äußersten Westen eines der besten **Surfreviere** Lomboks zu besitzen. Dazu kommt ein wahrer Pazifiktraum entlang der Küste: Um einen mager bewachsenen Höhenzug im Landesinneren reihen sich kleine, versteckte Buchten mit langen Stränden, deren feiner, heller Sand überall von perfekter Schönheit ist. Die Straßen sind freilich mitunter in schlechtem Zustand, aber nach und nach wird auch dieser noch weitgehend unberührte westlichste Ausläufer Lomboks erschlossen.

Westlich von Pandanan liegt im flachen Küstengewässer eine streng bewachte staatliche Perlenzucht, die nicht zu besichtigen ist. In den weiten Buchten von Pelangan und Labuhan Poh wecken ausladende Bambusaufbauten auf Booten Interesse. Es handelt sich dabei um mobile **Fisch- und Krebsfarmen**. Nur wenig weiter draußen verlocken mehrere kleine Inseln dazu, ein Boot zu mieten (bei Fischern fragen) und in die Einsamkeit überzusetzen.

i Praktische Hinweise

Hotel

Bola Bola Paradis, Pelangan Bay, www.bolabolaparadis.com. Restaurant und elf einladende Gästezimmer in Haupthaus und zwei Gartenbungalows an schönem Strand, gegenüber Gili Gede. Nahebei Tauchen, Schnorcheln, Surfen, Angeln.

77 Senggigi

Weißsandiges Zentrum für Badetouristen.

Für klassischen Strandurlaub ist Senggigi Beach auf Lombok die erste Wahl. Kilometerlang ziehen sich in der lang gezogenen Bucht 8 km nördlich von Mataram feine, weiße Sandstrände hin. Beeindruckend sind die herrlichen **Sonnenuntergänge** von Senggigi, wenn der glutrote Ball hinter dem balinesischen Gunung Agung versinkt. Touristische Infrastruktur ist reichlich vorhanden, wenn auch deutlich weniger und gemäßigter als auf Bali. Ein besonderes Erlebnis ist von Senggigi aus die gut einstündige Bootsfahrt zu einem **Tauch- und Schnorchelausflug** bei den weiter nördlich gelegenen Gilis [s. S. 120ff.]. Nicht ganz so weit ist es zu den küstennahen *Karang biru*, den einzigartigen blauen Korallen.

Direkt am Strand liegen die großen Hotels, die sich bis nahe an den nördlichen Stadtrand von Ampenan hinziehen. Hier wird Wassersport aller Arten angeboten. Viele Urlauber genießen aber auch einfach die ruhige, entspannte Atmosphäre. Was nicht heißen soll, dass es keine Strandhändler gäbe, die Sarungs, Armbanduhren und Parfüms verkaufen. Über Sonne und Sand hinaus bieten im Zentrum von Senggigi ein **Kunsthandwerksmarkt** sowie mehrere Supermärkte und Restaurants Abwechslung. Und in der Diskothek an der Hauptstraße wird wie auf den Tanzflächen in den Resorts begeistert gefeiert, vor allem an den Wo-

Die weite Bucht von Senggigi ist eines der beliebtesten Ziele von Lombok-Urlaubern

chenenden. Innerhalb des lang gezogenen Areals von Senggigi liegen die Restaurants oft weit verstreut. Sie bieten deshalb meist einen kostenlosen Shuttle-Service, der Gäste abholt und nach dem Essen wieder in ihr Hotel zurückbringt.

Batu Bolong

Ein schöner Ausflug führt zum südlich gelegenen hinduistischen **Meeresheiligtum** Batu Bolong. Zu Fuß ist es am Strand entlang wegen der vorgelagerten Felsen nur bei Ebbe zu erreichen. Ansonsten führt die Bemo-Route direkt am Tempeleingang vorbei. Die kleine Anlage erstreckt sich auf zwei Ebenen. Vom Eingang (Gästebuch und freiwilliger Obolus) führen mehrere Stufen auf einen teils von Bäumen beschatten Felsen, auf dem zwei kleine Schreine der Brandung trotzen.

Der rückwärtige, untere Teil von Batu Bolong liegt auf einer ins Meer hinausragenden Felszunge. Auch hier ist das Besondere nicht der Baukomplex, sondern die beeindruckende Naturszenerie: Der Weg hinaus führt an einem **Felstor** vorbei, in das mit aller Macht das Meerwasser drängt. Vor allem bei Flut wird das Tor ganz von den anbrandenden Wassermassen gefüllt. Sie geben einen tiefen brausenden Ton von sich und türmen sich dahinter – knapp vor dem gemauerten Steg – zu gischtsprühenden Bergen auf. Diesem Schauspiel hat der Tempel seinen Namen zu verdanken, denn Batu Bolong bedeutet ›Loch im Fels‹. Von der kleinen, gemauerten Plattform vor den unteren Schreinen hat man einen schönen Blick über die ganze nördliche Bucht von Senggigi.

i Praktische Hinweise

Hotels

******Aerowisata Senggigi Beach Hotel**, Pantai Senggigi, Tel. 0370/69 32 10, www.aerowisata.com. Großzügige Anlage am Strand, mit Spa und Sportangeboten.

******Holiday Resort**, Pantai Mangsit, Senggigi, Tel. 0370/69 34 44, www.holidayresort-lombok.com. Ruhige mittelgroße Anlage in ausgedehntem Garten mit allem Urlaubskomfort am nördlichen Strandabschnitt von Senggigi.

******Sheraton Senggigi Beach Resort**, Jl. Raya Senggigi km 8, Senggigi Beach, Tel. 0370/69 33 33, www.starwoodhotels.com/sheraton. Bekannt gutes Hotel im Norden der Senggigi-Bucht. Freiform-Swimmingpool, Restaurants, Bars. Zweigstelle von Dream Divers am Strand.

Strand-Romantik im stimmungsvollen Freiluftrestaurant des Sheraton-Hotels von Senggigi

TOP TIPP ****The Santosa Villas & Resort**, Pantai Senggigi, Tel. 0370/69 30 90, www.santosavillasresort. com. Freundliches Luxushotel am zentralen Strand. Bungalow-Villen im gepflegten Garten, Gästezimmer im mehrstöckigen Haupthaus jüngst modernisiert. Bars, Restaurants, Ballsaal. Wassersport, Tenniscourt, großer Pool.

***Jayakarta Beach Resort & Spa Lombok**, Jl. Raya Senggigi km 4, Pantai Meninting, Senggigi, Tel. 0370/69 30 458., www.jayakartahotelsresorts.com. Überschaubares, ruhig gelegenes Strandhotel im Süden. Kinderspielplatz am Haus, Pool. Karaoke-Lounge, Restaurants.

***Puri Bunga Beach Cottages**, Senggigi, Tel. 0370/69 30 13, www.puribunga lombok.com. Gelungene Mischung aus balinesischer und Sasak-Architektur. 50 geräumige Bungalows am steilen Hang bieten grandiose Fernsicht.

In der Bucht von Senggigi liegt Lomboks unbestrittenes touristisches Zentrum

Restaurants

TOP TIPP **Alang-Alang**, Jl. Raya Mangsit Senggigi, Senggigi, Tel. 0370/ 69 35 18, www. alang-alang-villas. com. Erstklassige indonesische Küche und romantisches Ambiente in versteckter Bucht nördlich von Senggigi. Anbei 18 Komfortbungalows und Pool.

Bayan, Jl. Raya Senggigi, Senggigi, Tel. 0370/69 36 16. Schickes Restaurant mit Bar, tgl. ab 19.30 Uhr Live-Musik. Daneben eine kleine, feine Kunstgalerie.

Nyiur / Coconut, Senggigi Kerandangan, Senggigi, Tel. 0370/69 31 95. Lokale Küche und Pizza in schöner Hanglage. Mitunter Tanzvorführungen oder *Wayang kulit*.

TOP TIPP **Sambhu**, Grya Senggigi, Tel. 0370/ 69 31 38. Kleines Restaurant mit überwiegend indonesischen Speisen in einem Dorf südlich von Senggigi. 10 m langes Seewasser-Aquarium, Minigolf anbei für Gäste frei. Di–So 17–22 Uhr.

Lomboks Norden und Osten – karge Schönheit um den heiligen Berg

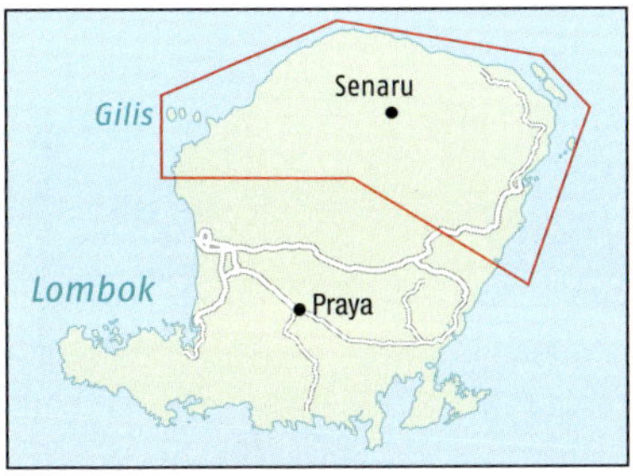

Nördlich und östlich der zentralen Berge wird die Landschaft Lomboks zusehends karger, trockener, tendiert farblich zu Braun, Schwarz und Olivgrün. Das liegt nicht zuletzt an wiederholten Ausbrüchen des **Gunung Rinjani**, des heiligen Berges der Insel, zuletzt im Mai 2010. Sein wolkenverhangener Gipfel gilt als Sitz der Götter. Die unteren Vulkanhänge sind dicht mit Grün bewachsen und oft ergießt sich kühles Bergwasser als erfrischende Kaskade talwärts.

Die muslimischen Sasak im Norden und Osten sind Fremden gegenüber zurückhaltender als ihre südwestlichen, oft balinesischstämmigen Nachbarn. Das mag daher rühren, dass diese Region erst nach und nach touristisch erschlossen wird. Eine Ausnahme bilden die vorgelagerten **Gilis**, deren traumhafte Strände und Schnorchelreviere viel besucht werden. Dabei sind auch die schwarzsandigen Vulkanstrände bei **Bayan** oder **Labuhan Haji** auf Lombok sehr schön. Aber noch übt man sich hier in der Anwendung der Regionalslogans: Für den Osten lautet er ›Patut Karya‹, ›harmonische Zusammenarbeit‹, für Zentrallombok ›Tatas Tuhu Trasna‹, ›sanftmütiges Wissen, Geduld, Gerechtigkeit‹.

78 Baun Pusuk

TOP TIPP *Bergpass mit weitem Panoramablick und einem Heer von Affen.*

Die Küstenstraße von Senggigi nach Bangsal schlängelt sich landschaftlich sehr schön am Meer entlang. Sie führt durch ursprüngliche Dörfer und immer wieder öffnen sich Ausblicke auf perfekt scheinende Buchten. Trotzdem ist die Fahrt nicht zu empfehlen, denn die Straße ist schlecht ausgebaut und in Teilen immer wieder unterspült.

Wer von Mataram oder Senggigi aus in den Norden will, nutzt meist die Parallelroute etwas landeinwärts. Sie ist gut befahrbar und verläuft über den 300 m hohen Baun Pusuk in den westlichen Bergausläufern. Der hochstämmige Wald zu beiden Seiten der Straße ist die Heimat grauer Affen. Anders als auf Bali gelten die Tiere den Sasak nicht als heilig, werden aber trotzdem gerne gefüttert – vor allem von Touristen.

Stetig windet sich die Straße zunächst bergauf und erreicht nach einer scharfen Rechtskurve den Pusuk-Pass. Im Norden fallen die Hänge wieder sanft ab und zwischen den locker stehenden Bäumen kann man ins Tal sehen. Besser ist die Aussicht, wenn man am schlichten Gasthaus vorbei zu zwei öffentlichen Pondoks am Bergkamms hochsteigt. Rechts schimmert das Asphaltband der Straße durch das grüne Blätterdach der Tal-

Auf Lombok werden Affen nicht als heilig verehrt, aber possierlich sind sie trotzdem

Südseeatmosphäre am Strand von Gili Air mit strohgedeckten Hütten unter Palmen

flanke. Geradeaus geht der dichte Wald langsam in die mit Feldern grüngelb gesprenkelte Ebene über und am Horizont, hinter Bangsal, ist gar das Meer auszumachen.

Praktische Hinweise

Hotel und Restaurant

Pusuk Permai Cottages & Garden Restaurant, Gunungan, kein Telefon vor Ort, Reservierung Tel. 03 64/62 37 80. Südlich des Passes, westlich der Straße. Bodenständiges Terrassenrestaurant mit grandioser Aussicht Sieben Zimmer in geräumigen Hang-Bungalows. Strom aus dem Generator (fällt manchmal aus).

Gili Air ist wegen seiner Korallenriffe als Schnorchelparadies besonders beliebt

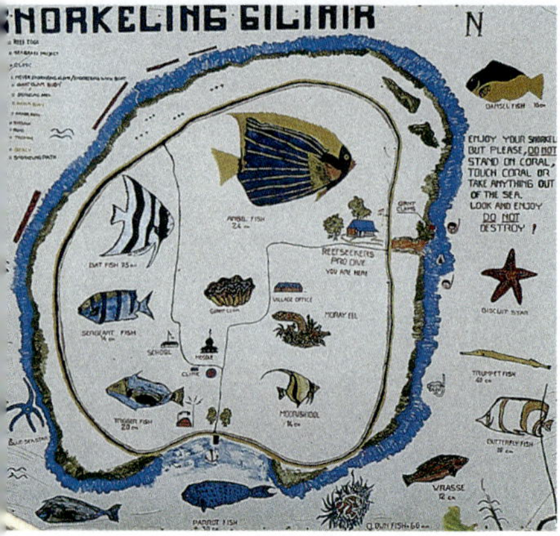

79 Gili Air, Gili Meno und Gili Trawangan

TOP TIPP

Kristallklares Wasser und farbenfrohe Korallen machen die Inseln zum Tauch- und Schnorchelparadies.

Die drei riffumgebenen Inselchen Gili Meno, Gili Air und Gili Trawangan vor der Nordwestküste Lomboks werden meist einfach **Gilis** genannt. Vor allem bei Tauchern und Schnorchlern genießen sie einen guten Ruf. Mit dem Boot erreicht man die Gilis vom Privathafen *Teluk Nare* (4 km südlich von Bangsal) oder dem kleinen Hafenort **Bangsal** aus. Bangsal selbst besitzt übrigens auch einige schöne Sandstrände in näherer Umgebung, etwa unweit westlich beim Dorf Sira.

Auf allen drei Gilis kann man von den blendendweißen Stränden zum Schnorcheln ins Meer hinaus waten, wobei auf scharfe Korallensplitter zu achten ist. An einigen Stellen wurden zum Schutz der Korallen Stege gebaut. Das klare Wasser lässt noch in einigen Metern Tiefe jede Einzelheit der farbenprächtigen Unterwasserwelt erkennen.

Auf den drei Inseln gibt es zahlreiche einfache Losmen. Daneben entstanden vor allem auf Gili Trawangan in den letzten Jahren auch mehrere deutlich komfortablere Unterkünfte.

Gili Air, die kleinste der drei Inseln, liegt Lombok am nächsten und wird gern für eine Stippvisite aufgesucht. Am geschäftigsten zeigt sie sich rund um die Mini-Ansiedlung im Süden.

Auf **Gili Meno**, der mittleren Insel, geht es vergleichsweise ruhig zu. Dabei sind gerade ihre Korallenriffe besonders schön. 20 Gehminuten von der Westküste entfernt liegt im Inselinneren ein Salzsee (Vorsicht: Stechmücken), an dessen Ufern in der heißen Jahreszeit Salz gewonnen wird. Nebenan leben im kleinen *Gili Meno Bird Park* (tgl. geöffnet nach Bedarf) Papageien, Pfauen sowie mehrere Beuteltiere und Krokodile.

Die meisten Besucher zieht **Gili Trawangan** an, die größte der drei Inselschwestern. Man kann sie mit einem Cidomo in einer guten Stunde umrunden (Preis vorab vereinbaren). Bei einem Tagesausflug wäre es aber schade, die Zeit nicht im oder am Wasser zu verbringen. Die besten Schnorchelplätze liegen vor der Ostküste, wo Losmen und Bungalows die ›Haupt‹-Straße säumen. Die Tauchreviere **Shark Point** auf der Westseite (Riffhaie) und das südliche **Sting Ray Reef** (Stachelrochen) sind schnell mit dem Boot zu erreichen.

i Praktische Hinweise

Hotels

*******The Oberoi**, Medana Beach, bei Tanjung, gegenüber den Gilis auf Lom-

Zahlreich kommen Besucher, um in den klaren Gewässern um die Gilis zu tauchen

bok gelegen, Tel. 0370/63 84 44, www.oberoilombok.com. 50 luxuriöse Villen und Pavillons in 10 ha großem Garten, ruhig und versteckt am privaten Strand mit jedwedem Wassersportangebot. Pool, Spa, Fitness, Bar, Restaurant.

Desa Dunia Beda, Nordküste, Gili Trawangang, Tel. 0370/614 15 75, www.desaduniabeda.com. Sechs schöne Bungalows in javanischem Stil, ohne AC oder TV, in großem Garten. Hübscher Pool, Restaurant, Wassersport, Fischen, Reiten.

Kontiki Cottage, Südostküste, Gili Meno, Tel. 0370/63 28 24, www.kontiki-cottage.com. Jüngere Strandbungalows, inseltypisch entspannte Atmosphäre.

80 Bayan

Größtes und ältestes Wetu-Telu-Heiligtum der Insel.

Der Weg nach Senaru bzw. zum Gunung Rinjani führt am gartengrünen Dorf Bayan vorbei. Hier befindet sich die älteste

Erfrischende Badefreuden inmitten üppigen Grüns verspricht der Sidanggile-Wasserfall

Wetu-Telu-Moschee Lomboks (unregelmäßig geöffnet). Andersgläubigen ist das Betreten des schlichten runden Gotteshauses aus Bambus und Alang-alang-Gras verboten. Aber von der niedrigen Tür aus sieht man geschnitzte Vögel und Fische im Dachgebälk. In dem leeren Raum mit dem sauber gefegten, gestampften Lehmboden wirkt der mit Drachen beschnitzte Sitz des Vorsprechers besonders eindrucksvoll. Die größte mehrerer Beduk-Trommeln links wird zu den fünf muslimischen Gebetszeiten geschlagen, wobei Wetu-Telu-Anhängern in erster Linie die drei frühmorgens, mittags und nachmittags wichtig sind.

Überhaupt ist die Zahl Drei einer der Grundpfeiler dieses Glaubens. Dreifach offenbarte sich Gott in Adam, Mohammed und dem Wetu-Telu-Propheten. Und alles Leben regt sich in den drei Elementen Erde, Luft und Wasser, denen Menschen, Vögel und Fische zugeordnet sind.

Der legendäre Religionsgründer – sein Name ist heilig und darf nicht ausgesprochen werden – soll nach seinem Tod direkt zu Allah aufgefahren sein. Die Gräber seiner neun Nachfolger sind jedoch in einer lang gestreckten Bambushütte rechts neben der Moschee zu sehen.

81 Senaru

Wasserfall, Naturpark und Gunung Rinjani – alles in der Nähe.

Die Partitionen des Dorfes liegen zu beiden Seiten der Straße auf einem baumlosen Bergkamm am Nordhang des Gunung Rinjani. Seit sich Senaru zum bevorzugten Ausgangspunkt für die Besteigung des 3726 m hohen **Rinjani** gemausert hat, sind mehrere Losmen und Restaurants dazugekommen. Wer noch keine Tour gebucht hat, findet im höchstgelegenen Ortsteil Sangkawasa im Pondok Senaru (Unterkunft und Restaurant) stets einen ortskundigen Führer. Wayan Dartha etwa kennt den heiligen Berg wie seine Westentasche. Bei Bedarf organisiert er wie seine Bergführer-Kollegen und zurzeit drei -Kolleginnen alles, von der Ausrüstung über Proviant bis zu Trägern. Solide Bergschuhe und ausreichend Kondition sollte man selbst mitbringen, sie sind unabdingbare Voraussetzungen für diese Unternehmung.

Senaru eignet sich zudem für einfache geführte Bergwanderungen, den **Rice Terraces and Waterfalls Walk** (1 Std.) et-

Tiefblau liegt der Kratersee Segara Anak in der wilden Landschaft des Gunung Rinjani

Hochtour auf den Gunung Rinjani

Zum Rinjani (3726 m) sollte man in der Zeit von April bis Oktober und nur mit zuverlässigem Führer aufsteigen. Wer den Gipfel an **einem Tag** stürmen will, bricht in Senaru gegen Mitternacht auf. Zum Sonnenaufgang um 6 Uhr ist man dann am Kraterrand – versprechen zumindest die Führer. Für gutes Wetter übernehmen sie freilich keine Garantie.

Die **zweitägige Tour** beinhaltet eine Übernachtung im Basislager Pos III auf 1950 m Höhe. Krönung ist am Morgen des zweiten Tages der Sonnenaufgang, vom Kraterrand aus zu beobachten. Anschließend führt der Rückweg über die Aufstiegsroute wieder ins Tal.

Ein längerer Trip dauert **drei Tage**. Am zweiten Tag führt der Weg dabei vom dritten Posten am Kraterrand entlang zu einer Campingstelle am Ufer des Kratersees Segara Anak. Ist sie am frühen Nachmittag erreicht, bleibt noch genug Zeit, sich bei einem Bad in den nahen heißen Quellen **Air Kalak** beim Fluss **Kokok Putih** zu erholen.

Ganz Unternehmungslustige können die warmen Höhlen erforschen, etwa **Goa Susu** (Milch-Höhle) oder die Schirm-Höhle mit ihrem engen Zugang. Hier gibt es gleichfalls Gelegenheit zum Baden, diesmal im kühlen Wasser unterirdischer Seen. Dermaßen gestärkt, fällt das frühe Aufstehen am dritten Tag leichter, wenn der Aufbruch noch im Dunkel der Nacht erfolgt, um einen unvergleichlichen Sonnenaufgang auf dem Gipfel des Gunung Rinjani zu erleben. Der Abstieg ist auf zwei Wegen möglich: entweder direkt nach Senaru zurück oder ostwärts zum Dorf Sembalun, von wo aus für den Weitertransport gesorgt ist.

wa oder den **Senaru Panorama Walk** (4 Std.). Nicht zu verfehlen ist der Weg zum **Air Terjun Sindanggile** in einem grünen Tal, zu dem vom südlichen Ortsrand von Senaru links ein gepflasteter Pfad an der Bergflanke hinab führt. Nach etwa 15 Minuten ist die Talsohle erreicht. Vor einer steilen, vegetationsüberwucherten Felswand ergießt sich in einem größeren und vielen kleineren Sturzbächen der Sindanggile-Wasserfall in mehreren Abschnitten aus insgesamt rund 75 m Höhe. Unten zerstiebt das Wasser zu einem erfrischend kühlen Schleier. Schließlich vereint es sich mit einem Bergbach, der neben drei Pondoks talabwärts plätschert. Selbst Umkleidekabinen sind vorhanden, wenn auch meist verschlossen. Auch Einheimische schätzen die kühle Ruhe dieses grünumwucherten Wasserfalls und kommen gern für ein erfrischendes Bad herunter.

Noch werden die dunklen Strände im Osten Lomboks von Touristen nur selten besucht

Rechts neben dem Kassenhaus zum Wasserfall markiert ein hoher, weißer Torbogen den Eingang zum Natur- und Nationalpark **Taman Nasional Gunung Rinjani**. Gegen geringes Entgelt kann man im Park wandern, auch ohne den Gipfel in Angriff nehmen zu müssen.

82 Gunung Rinjani

Lomboks höchster und heiliger Berg.

Zwar ist der Gunung Rinjani beinahe überall auf der Insel zu sehen, doch meist sind seine zackigen Gipfel in Wolken gehüllt. Hindus verehren den mit 3726 m höchsten Berg Lomboks als Sitz des Gottes Batara. Auch den Sasak ist er heilig, so dass sich vor allem bei Vollmond aus allen Teilen der Insel Pilger auf den Weg zum Gipfel machen.

In der oberen Kratersenke ruht im Westen 200 m unter dem Rand still der See **Segara Anak**. Aus seiner Mitte erhebt sich der kleinere, aktive Vulkan **Gunung Barujari**. Einmal im Jahr, bei der Pekelan-Zeremonie, übergeben gläubige Hindus dem Kratersee feierlich Goldschmuck und Kunstgegenstände.

Westliche Besucher sehen den Gunung Rinjani meist nüchterner und besteigen den Berg der sportlichen Herausforderung wegen. Die östliche Aufstiegsroute von Sembalun Lawang dauert 8 bis 9 Std. Der übliche Weg jedoch beginnt im Dorf Senaru [Nr. 81], wo man übernachten und alles Nötige organisieren kann.

83 Labuhan Lombok und der Norden

Fährhafen zu den östlichen Inseln.

Karg und wild wirkt der dünn besiedelte Norden Lomboks. Es fehlen die ansonsten allgegenwärtigen Reisfelder, angebaut werden hier vor allem Oliven, Knoblauch, Mais, Soja und Maniok. Reis ist saisonal vertreten, denn das Klima erlaubt nur eine Ernte im Jahr. Zum herben Eindruck der sonnenverbrannten Landschaft tragen die schwarzsandigen Vulkanstrände und die steinübersäten Flussbette bei. Letztere füllen sich während der Regenzeit, wenn von den Bergen die Wassermassen ins Tal stürzen.

Eine Fahrt auf der meist gut ausgebauten Küstenstraße von Anyar nach Labuhan Lombok durch dieses andalusisch anmutende Hügelland mit vereinzelten Sasak-Gehöften hat ihren eigenen Reiz. Stets im Blickfeld ist dabei im Inselinneren der Gunung Rinjani.

Bei **Rarem** findet man sich plötzlich in einem Wald aus riesenhaften Kapuk-Bäumen. Manche der bis zu 30 m hohen

Stämme können selbst sechs Menschen zusammen nicht umspannen. Nicht dass es die Einheimischen versuchen würden, denn sie glauben, dass Kapuk-kapuk an unheilvollen Orten wachsen, an denen böse Menschen Schwarze Magie treiben.

Labuhan Lombok ist kein touristisches Ziel, aber als Fährhafen nach Sumbawa von Bedeutung. Die Nachbarinsel liegt jenseits der Meeresstraße von Alas wie zum Greifen nah. Im Hafen warten Boote für Tauch- und Schnorchelausflüge zu den eher einsamen nördlichen Inseln **Gili Lampu**, **Gili Sulat** und **Gili Lawang.**

84 Pringgabaya

Muslimischer Wallfahrtsort dank friedlicher Fürstengräber.

Pringgabaya ist ein typisches, nettes Städtchen im kargen Osten Lomboks. Die Bewohner sind als strenge Muslime bekannt, zeigen aber auch Andersgläubigen gern das **Makam Selaparang**. Makam heißt ›Grab‹, eine etwas irreführende Bezeichnung, denn dies ist der Ort, an dem angeblich der heilige Raja von Selaparang in den Himmel auffuhr. Sein Name darf nur von Eingeweihten laut ausgesprochen werden.

Sein Grab ist es also nicht, das neben anderen in der sehr gepflegten, durchgängig mit Rundkieseln gepflasterten Anlage zu sehen ist. Es handelt sich vielmehr um die letzten Ruhestätten eines lokalen Fürsten und seiner Familie aus dem frühen 18. Jh. Im hinteren Teil des schmucken Innenhofes stehen nebeneinander ihre schlichten, steinernen Sarkophage. Der heilige Ort unter blühenden Oleanderbäumen darf nur ohne Schuhe betreten werden.

Das 1992 zum **Tentang Bendar Cagar Budaya**, zu einem offiziellen Heiligtum erklärte Makam Selaparang ist normalerweise verschlossen. Die Familie, die rechts neben dem Eingang wohnt, verwahrt Schlüssel und Gästebuch.

85 Labuhan Haji

Einst wichtiges Handelszentrum des Südostens.

In Labuhan Haji schifften sich früher Lomboks muslimische Pilger – eben die Haji – zur großen Pilgerfahrt nach Mekka ein. Doch das ist im Zeitalter der Luftfahrt längst Vergangenheit. Ebenso wie das vergleichsweise kurze Zwischenspiel der Holländer Anfang des 20. Jh., an das vereinzelt Lagerhäuser und Herrensitze entlang der Ausfallstraße Richtung Selong erinnern.

Geblieben sind die feinen schwarzen palmengesäumten Sandstrände, auf denen tagsüber die Fischerboote liegen. Mitunter können die Boote für Fahrten nach **Gili Petangan**, **Gili Lampu** und **Gili Pasaran** gemietet werden. Die vorgelagerten Inseln besitzen schöne helle, quasi menschenleere Strände und ringsum fischreiche **Tauch-** und **Schnorchelreviere**. Doch solche Ausflüge sind die Ausnahme, denn Lomboks Osten ist touristisch noch wenig erschlossen. Deshalb ziehen die wenigen ausländischen Besucher am Strand von Labuhan Haji auch in kürzester Zeit eine ganze Schar neugieriger Kinder an, die sich freuen, einen *Orang asing*, einen rundäugigen Fremdling zu Gesicht zu bekommen.

Einfache Natursteinmauern prägen die muslimische Wallfahrtsstätte Makam Selaparang

Bali und Lombok aktuell A bis Z

Vor Reiseantritt

ADAC Info-Service:
Tel. 018 05/10 11 12 (0,14 €/Min. aus dem dt. Festnetz; max. 0,42 €/Min. mobil)

ADAC im Internet:
www.adac.de
www.adac.de/reisefuehrer

Bali und Lombok im Internet:
www.balitourismboard.org
www.balihotelsassociation.com
www.lombok-network.com

Allgemeine Auskünfte vor der Reise:

Visit Indonesia Tourism Officer (VITO), Widenmayerstr. 12, 80538 München, Tel. 089/59 04 39 06, www.tourismus-indonesien.de

oder bei den Tourismusabteilungen der **Indonesischen Botschaften**:

Lehrter Str. 16–17, 10557 Berlin, Tel. 030/478 07-272, www.botschaft-indonesien.de

Gustav-Tschermak-Gasse 5–7, 1180 Wien, Tel. 01/47 62 30, www.kbriwina.at

Elfenauweg 51, 3006 Bern, Tel. 03 1/352 09 83, www.indonesia-bern.org

Allgemeine Informationen

Reisedokumente

Europäer benötigen ein **Einreisevisum**. Deutsche, Österreicher und Schweizer beantragen das max. 30 Tage gültige Visum bei der Ankunft (*Visa on Arrival, VOA*) in ausgewählten Flug- und Seehäfen (z. B. Ngurah Rai, Denpasar, und Bandara, Lombok). Es kostet 25 US-Dollar (Stand Nov. 2012) und ist bar zu zahlen. Eine einmalige Verlängerung ist möglich. Ist ein längerer Aufenthalt geplant, muss das Visum vor der Einreise beantragt werden.

Der **Reisepass** bzw. der für Kinder nötige eigene **Kinderreisepass** muss bei Einreise noch mind. sechs Monate gültig sein.

Bei der Einreise erhält man eine **weiße Einwanderungskarte**. Sie wird bei der Ausreise wieder verlangt; ebenso eine **Ausreise-Flughafensteuer** [s. S. 129].

Kfz-Papiere

Für das Anmieten von Mietfahrzeugen ist der Internationale Führerschein in Verbindung mit dem eigenen nationalen Führerschein erforderlich.

Geld

Gesetzliches Zahlungsmittel ist die Indonesische Rupiah (IDR, Rp.), auch Rup/Rups genannt. Es ist einfacher und günstiger, Bargeld im Land zu wechseln oder Rupiahs aus Bankautomaten (ATM, s. u.) zu ziehen. Es gibt Münzen zu 100, 200 und 500 sowie Scheine zu 1000, 5000, 10 000, 20 000, 50 000 und 100 000 Rupien.

In Großstädten und Touristenzentren werden meist gängige **Kreditkarten** und **Traveller Cheques** akzeptiert. Für das tägliche Leben benötigt man jedoch Bargeld, am besten in kleineren Scheinen. Auf entsprechende Stückelung sollte man auch achten, wenn man in touristischen Zentren aus Geldautomaten (**Automatic Teller Machine, ATM**) Bargeld zieht. Die Inflation ist recht hoch, daher bei längeren Aufenthalten lieber häufiger kleinere Summen wechseln oder abheben. Stark abgegriffene oder zerfledderte Scheine werden oft nicht als Zahlungsmittel akzeptiert.

Zollbestimmungen

Zollfrei dürfen Erwachsene im persönlichen Handgepäck mitführen: 200 Zigaretten oder 25 Zigarren oder 100 g Tabak, bis zu 1 l alkoholische Getränke sowie eine angemessene Menge Parfüm. Fotoausrüstung und Kassettenrekorder müssen deklariert und wieder ausgeführt werden. TV-Ausrüstungen dürfen nicht eingeführt werden.

Man darf keine geschützten Tiere **ausführen** – weder lebendig noch tot noch in Teilen (Häute, Federn ...). Auf keinen Fall sollte man für eine andere Person etwas mit durch den Zoll nehmen. Hände weg von Drogen, das indonesische Gesetz ist in dieser Hinsicht sehr streng (Todesstrafe möglich!).

Tourismusämter im Land

Im Haupttext sind unter Praktische Hinweise die offiziellen *Tourist Offices* vor Ort genannt. Übergeordnete *Government Tourist Offices/Dinas Pariwisata* sind:

Bali

Dinas Pariwisata Provinsi Bali, Jl. S. Parman, Kompleks Niti Mandala, Denpasar, Tel. 03 61/22 23 87, www.balitourism authority.net

Lombok

Dinas Pariwisata Provinis Nusa Tenggara Barat (NTB), Jl. Lengko 70, Mataram, Tel. 03 64/218 66, www.ntb.go.id

Notrufnummern und Adressen

Polizei: Tel. 110

Touristenpolizei: Tel. 03 61/75 21 10

Ambulanz: Tel. 118

ADAC Notrufstation München:
Tel. 00 49/89/22 22 22 (rund um die Uhr)

ADAC Ambulanzdienst München:
Tel. 00 49/89/76 76 76 (rund um die Uhr)

ÖAMTC Schutzbrief-Nothilfe:
Tel. 00 43/(0)1/251 20 00

TCS Zentrale Hilfsstelle:
Tel. 00 41/(0)2 24 17 22 20

Diplomatische Vertretungen

Bali

Deutsches Honorarkonsulat, Reinhold Jantzen, Jl. Pantai Karang 17, Batujimbar-Sanur, Tel. 03 61/28 85 35, sanur@hk-diplo.de

Schweizer Honorarkonsulat, Jon Zürcher, Istana Kuta Galeria, Kuta Central Park, Blok 2 No. 12, Jl. Patih Jelantik, Kuta, Tel. 03 61/75 17 35, bali@honrep.ch. Auch für Österreicher und Liechtensteiner.

Besondere Verkehrsbestimmungen

In Indonesien herrscht Linksverkehr. Für Motorradfahrer besteht Helmpflicht.

Einheimische passen Verkehrsregeln und Geschwindigkeit den Gegebenheiten an.

Staatliche Pertamina-Tankstellen verkaufen Benzin zu günstigen Festpreisen. Auf dem Land ist die Benzinversorgung privat geregelt. Das Schild *Bensin* weist den Weg, Diesel heißt *Solar*, Super *Premig*.

Elektrizität

Meist 50 Hz und 220/230 V, auf dem Land gelegentlich noch 110 V. Für europäische Rundstecker ist auf Bali in der Regel kein Adapter nötig, auf dem Land und auf Lombok finden sich aber auch häufig Steckdosen für zweipolige Flachstecker.

Gesundheit

Sinnvoll ist Impfschutz gegen **Tetanus**, **Kinderlähmung** sowie **Hepatitis A** und **B**. Das Auswärtige Amt empfiehlt für Bali-Reisende ausdrücklich **Tollwut**-Impfung. **Malaria**-Prophylaxe ist angeraten, gegen **Denguefieber** kann man nur mit Mückenschutz vorbeugen (tagsüber körperbedeckende Kleidung tragen, abends und nachts wiederholt Insektenschutzmittel auf freie Körperstellen auftragen und unter einem Moskitonetz schlafen).

Stets angeraten sind Sonnencremes mit hohem Lichtschutzfaktor oder Sunblocker, Kopfbedeckung und leichte Baumwollkleidung. Übermäßige körperliche Anstrengung meiden und viel trinken, allerdings keinen Alkohol.

Das Auswärtige Amt rät zu erhöhter Vorsicht beim Genuss von **Alkohol**. Mehrere Kranken- und Todesfälle auf Lombok und Bali lassen mit Methanol verunreinigte Getränke vermuten. Auffällig billigen Alkohol sollte man daher meiden.

Bali gehört zu den stark von **Aids** und **HIV-Infektionen** betroffenen Regionen Indonesiens. Die Schutzempfehlungen sollten unbedingt beachtet werden.

Größere Hotels haben meist einen englischsprachigen **Arzt** in Rufbereitschaft.

Sanglah-Krankenhaus/Rumah Sakit, Jl. Kesehatan Selatan 1, Sanglah, Denpasar, Tel. 03 61/22 79 11-15. Für Notfälle und mit internationaler Abteilung *(Int. Wing)*.

BIMC Krankenhaus, Jl. Bypass Ngurah Rai 100X, Tel. 03 61/76 12 63, www.bimcbali.com. Kleinere, international ausgerichtete Klinik, Zweigstelle in Nusa Dua.

Apotheken heißen *Apotik*, gängige Medikamente gibt es auch in Drogerien. Manche Medikamente sind nicht oder nur in anderer Zusammensetzung bzw. Dosierung als zuhause erhältlich.

Dringend empfohlen wird der Abschluss einer privaten **Auslandreisekrankenversicherung** mit Rückholservice.

Weitere Auskünfte (Impfberatung, allgemeine medizinische Erkundigungen vor Reiseantritt oder im Krankheitsfall):

ADAC Reisemedizinischer Informationsdienst, Tel. 089/76 76 77

Zeit

Auf Bali und Lombok gilt Zentralindonesische Zeit (= MEZ + 7 Std. bzw. während europäischer Sommerzeit + 6 Std.). Lediglich im Nordwesten Balis gilt Westindonesische Zeit (= MEZ + 6 bzw. + 5 Std.).

Anreise

Flugzeug

Bali

Ngurah Rai International Airport (DPS), Tuban, ca. 3 km südl. von Kuta, Tel. 03 61/ 75 10 11, http://dps.ngurahrai-airport.co.id

Von Deutschland bieten Qatar Airways und KLM Direktflüge nach Bali. Garuda Indonesia oder Singapore Airlines fliegen mit einem Zwischenstopp etwa ab Frankfurt oder Zürich. Auch Thai Airways, Malaysia Airlines, Chathay Pacific, China Airlines, Korean Air u.a. fliegen Bali an.

Lombok

Bandara International Airport Lombok (LOP), Tanak Awu (ca. 10 km südlich von Praya, ca. 35 km südöstlich von Mataram), www.bumn.go.id/angkasapura1/galeri/foto/bandara-internasional-lombok/

Auf dem neuen, im Oktober 2011 eröffneten Flughafen landen internationale Direktflüge aus Singapur (Silk Air) sowie nationale Flüge von Garuda Indonesia, Batavia Air, Lion Air, Silk Air und Trigana.

Der Flug zwischen Bandara (Lombok) und Ngurah Rai (Bali) dauert ca. ½ Std.

Ausreise-Steuer (Departure tax): DPS/ Bali zzt. 150 000 Rp. (international) und 30 000 Rp. (national), BIL/Lombok 100 000 bzw. 20 000 Rp. (Stand Nov. 2012)

Schiff

Pelni, Jl. Pelabuhan Benoa, Denpasar, Tel. 03 61/72 24 83, und JL. Industri 1, Ampenan, Tel. 03 70/372 12, www.pelni.com. Staatliche Schifffahrtsgesellschaft.

Kreuzfahrtschiffe laufen die Häfen von Benoa (Denpasar) und Padang Bai an. Padang Bai an Balis Ostküste ist auch Fährhafen nach Lombok, Gilimanuk im Nordwesten der nach Java. Balis Nordhafen Singaraja nutzen nur kleinere Schiffe und einheimische Bugis-Schoner.

Bali – Lombok

Reguläre Fähre (je nach Wetter 4 – 5 Std.) und Schnellboot (1,5 – 2 Std.) zwischen Padang Bai, Bali, und Lembar, Lombok.

Blue Water Safari (BWS), www.bwsbali.com. Sept.–Mai Schnellboote zwischen Padang Bai, Lombok und den Gilis.

Perama Tourist Boat, www.peramatour.com. 1 x tgl. Padang Bai – Gilis – Senggigi, Shuttle Bus Zubringer möglich.

Bank, Post, Telefon

Bank

Im Süden Balis und im Westen Lomboks sind Niederlassungen vieler indonesischer Banken zu finden.

Öffnungszeiten: Mo–Fr 8.30–14.30 Uhr, mitunter Sa 8.30–11.30 Uhr.

Nicht jede Bank wechselt Geld oder Reiseschecks, das übernehmen gern Wechselstuben Es ist anzuraten, Kurse zu vergleichen und evtl. Gebühren zu bedenken Auf Bali erhält man für €, SFr oder US-$ deutlich mehr Rupiahs als auf Lombok. Achtung: zerfledderte Geldscheine nicht annehmen, sie werden häufig nicht als Zahlungsmittel akzeptiert.

Post

Jeder Ort hat ein Postamt (*Kantor Pos dan Giro*), manchmal in einem Privathaus. **Öffnungszeiten**: Mo–Fr 8/8.30–14.30, Sa bis 12.30 Uhr.

Telefon

Internationale Vorwahlen
Indonesien 00 62
Deutschland 00 149
Österreich 001 43
Schweiz 001 41

Am einfachsten telefoniert man von den **Telefonämtern** (*Kantor telepon*) oder den privaten *Wartel/Warung Telekomunikasi* aus. Im Selbstwähl-Service (IDD – International Direct Dialing) wählt man 001 oder 008 vor dem Ländercode.

Öffentliche Fernsprecher sind hellblau und empfehlen sich für innerindonesische Gespräche (keine Verbindung ins Ausland und zu Handys). Man sollte genügend kleine Münzen bereit halten – und Geduld, um in dem überlasteten Netz durchzukommen.

Vielfach findet man auf Bali auch **Kartentelefone**. Karten (*Kartu telpon*) gibt es in den *Wartels* zu kaufen.

Die Benutzung handelsüblicher **GSM-Mobiltelefone** (900 und 1800) ist in den meisten Regionen Balis und im Westen Lomboks problemlos möglich.

Einkaufen

Bali ist ein Einkaufsparadies, besonders für Kleidung, Kunsthandwerk und Silberschmuck. Lombok ist bekannt für Flechtarbeiten, Töpfer- und Webwaren.

In manchen Geschäften gelten Festpreise, *Harga pas*. In vielen Läden und auf der Straße ist es dagegen üblich zu handeln.

Bali

Auf Bali gilt ein Verkauf am frühen Morgen oft als gutes Omen für den weiteren Geschäftstag. Viele Händler bieten daher dem ersten Kunden sehr günstige Preise.

Vorsicht beim Kauf von Schnecken- und Muschelgehäusen, denn wer weiß schon, welche unter das Washingtoner Artenschutzgesetz fallen; lieber keine kaufen.

Kaum ein Urlauber bleibt ohne **Sarung** oder **Sarong**. Ob gebatikt, gewoben oder bedruckt, die rund 1x2,5 m große Stoffbahn ist unglaublich vielseitig. Meist wird sie als Hüfttuch getragen, kann aber auch als Liegematte dienen, als Handtuch, Decke, Tasche, Sonnen- und Windschutz.

Besonders aufwendig ist die **Ikat-Weberei**. Hierbei werden vor dem Weben die Schussfäden aufgespannt, abgebunden und eingefärbt. Auf Bali sieht man diese uralte Technik in Gianyar, auf Lombok in Cakranegara. In dem Bali-Aga-Dorf Tenganan werden zeremonielle Stoffe noch von Hand im Doppel-*Ikat*-Verfahren hergestellt, d.h. Schuss- *und* Kettfäden werden vor dem Weben eingefärbt. Selten gibt es für Touristen echte Doppel-*Ikat* zu kaufen, die dann allerdings ihre enorm hohen Preise auch wert sind. Ähnlich teuer sind **Songket-Stoffe** mit eingewobenen Silber- und Goldfäden.

Als künstlerisches Zentrum Balis gilt *Ubud*, vor allem für **Malerei**. Werke mit individueller künstlerischer Handschrift muss man freilich lange suchen. Dasselbe gilt für die mal bunten, mal bizarren **Holzschnitzereien**, von Mobiles über Masken bis hin zu großen mehrfigurigen Skulpturen. Als Zentrum der Schnitzkunst auf Bali gilt das Dorf *Mas*, ca. 7 km südlich von Ubud.

Wem es die fantasievollen **steinernen Skulpturen** angetan haben, findet in *Batubulan* eine große Auswahl. Die Straßen des balinesischen Steinmetzdorfes sind gesäumt von den Abbildungen hinduistischer Götter und Dämonen, von kleinen, 10 cm hohen Figürchen bis zu mehr als mannshohen, Grimassen schneidenden Tempelwächtern.

Für filigrane **Gold-** und vor allem **Silberarbeiten** (*Emas dan Perak*) ist das an Batubulan anschließende *Celuk* im Süden Balis bekannt. Die Schmuckstücke werden zumeist in Heimarbeit hergestellt; die großen Geschäfte aber unterhalten entlang der Hauptstraße Schau-Werkstätten.

Als beste Adresse für **Bambusmöbel** gilt das Dorf *Bona*. Es liegt auf dem Weg von Süden nach *Blahbatuh*, Zentrum des balinesischen **Musikinstrumentenbaus**.

Lombok

Lomboks Kunsthandwerk zeigt weniger künstlerische Raffinesse und Farbenfreude, besticht aber durchaus mit eigenem Charme. So sind etwa **Sasak-Webereien** in gedeckten, eher dunklen Farben gehalten. Nur die gewebten Gürtel und Schärpen sowie die Säume der schwarzen Frauenoberteile leuchten in vielerlei Rot-, Gelb- und Orangetönen. Das bekannteste und am meisten besuchte Weberdorf ist *Sukarara*, allerdings mit z.T. überzogenen Preisen (hohe Kommission). Günstiger kauft man in *Pringgasela*, auf dem Markt in *Sweta* oder in einer der Webereien von *Cakranegara*.

Ebenfalls traditionell ist auf Lombok das **Flechten** von Gras und Rattan. In Handarbeit entstehen Sets, Körbe, Dosen, Behälter oder Taschen, z.T. mit farblich abgesetzten, geometrischen Mustern. Als Zentren der Flechtkunst gelten die Dörfer *Kotaraja* und *Loyok*. Hier werden auch fein geschnitzte **Manuskriptbehälter** aus Bambusrohr angeboten.

Die **Töpferarbeiten** Lomboks sind in rotbraunen und schwarzen Tonfarben gehalten. Oft werden kleinere Töpfe, Vasen oder Kannen außen mit einem Rattangeflecht versehen. Das sieht hübsch aus und verleiht zusätzlichen Halt.

Die **Schnitzereien** Lomboks sind in der Regel unbemalt und einfacher als die Balis. Sehr schön sind die **Palmholztruhen**, die zum Teil mit Einlegearbeiten aus Kauri-Schnecken geschmückt sind.

Essen und Trinken

In Indonesien isst man bereits zum **Frühstück** (*Makanan pagi*) Reis, manchmal auch eine dicke Suppe mit Kartoffeln und Gemüse (*Gado-gado*). Aber alle gro-

Spanferkel und andere Köstlichkeiten

Die indonesische Küche ist schmackhaft und vielfältig. Weißer Reis bildet die Grundlage, dazu kommen Soßen und Beilagen, die Einflüsse aus Indien, Arabien, Malaysia, aus Holland und England erkennen lassen. Dieser Vielfalt trägt die von den Niederländern übernommene **Rijstafel** – Reistafel – Rechnung, bei der sich Gäste vom Buffet bedienen können, sooft sie wollen und können. Gewissermaßen eine Ein-Teller-Ausgabe einer solchen gemischten Reistafel heißt **Nasi Rames** oder **Nasi Campur**.

Dabei darf **Sate** nie fehlen, die typischen Fleischspiesschen mit Erdnusssoße. Mit Huhn heißen sie Sate ayam, mit Ziege Sate kambing, mit Rind Sate daging und mit Schwein Sate babi. Als hinduistische Insel bietet **Bali** auch Gerichte mit Schweinefleisch. So gehört Babi guling, über offenem Feuer geröstetes **Spanferkel**, zu den balinesischen Spezialitäten. Auch **Ente** ist typisch, entweder in Bananenblättern geschmort, Bebek betutu, oder gegrillt, Bebek panggang. Dazu gibt es Nasi goreng, **gebratenen Reis**, oder Bakmi goreng, **gebratene Nudeln**.

Die einheimische Küche von Lombok ist außerordentlich scharf, selbst wenn man nicht mit Sambal-Soße aus Pfeffer und roten Pepperoni nachwürzt. Trotzdem sollte man sich den Genuss eines Ayam tamblingan, eines traditionell zubereiteten **Backhuhns**, nicht entgehen lassen.

Eine weitere Spezialität **Lomboks** ist gekochter **Wasserspinat**, Pelecing kangkung, lecker mit Ei und Cashewnüssen serviert. Kulinarische Abenteurer probieren vielleicht Trasi (**Fischpaste**) oder Bubur kacang hijau, grünen **Bohnenbrei**. Zum Nachtisch gibt es Urap-urap, **Gemüse mit Kokosraspel** und Chili, oder Olah-olah, dasselbe mit **gesüßter Kokosmilch**.

Wegen der hohen Temperaturen und dem würzigen Essen müssen Touristen regelmäßig und ausreichende **trinken**. Es empfiehlt sich Air minuman oder Aqua, Trinkwasser ohne Kohlensäure, bzw. Soda, sprudelndes Wasser. Sehr erfrischend sind auch Air jahe manis, heißer, süßer Ingwertee, oder frische Fruchtsäfte wie z.B. Ananas- (Air nanas), Orangen- oder Zitronensaft (Air jeruk). Alkohol sollte man in den Tropen erst nach Sonnenuntergang trinken, auch Bier (Marke Bintang, Hai, Anker u.v.a.) oder den einheimischen Reis- (Brem) bzw. Palmwein (Tuak).

Verlockend ist das überreiche Angebot an **Obst**. Auf jedem Markt kann man frische Ananas (Nanas) oder Bananen (Pisang) kaufen, dazu Orangen (Jeruk), Mango und Papaya sowie exotischere Früchte wie die Schlangenfrucht Salak oder die köstliche kleine Haarfrucht Rambutan. Stets gilt: Unmittelbar vor Verzehr schälen oder gut mit Trinkwasser waschen.

Eine Sonderstellung kommt der **Durian** zu, der berühmt-berüchtigten Stinkfrucht. Nach dem Öffnen ist ihr Geruch so grauenvoll, dass viele Hotels die Mitnahme von Durian ausdrücklich verbieten. Überwindet man sich aber, soll sie unvergleichlich schmecken. Nicht umsonst sagt man von dieser ambivalenten Frucht, sie ›stinkt höllisch und schmeckt himmlisch‹.

ßen Hotels halten für ihre ausländischen Gäste Buffets oder Angebote à la carte mit kontinentalem oder amerikanischem Frühstück bereit. In jedem Fall ergänzen frische Früchte und Säfte die erste Mahlzeit des Tages.

Viele Urlauber verzichten in dem feuchtheißen Klima auf ein **Mittagessen** (*Makanan siang*) und laben sich stattdessen nur an etwas Obst. Man kann auch in einem der vielen Restaurants (*Restoran*), Imbissständen und -stuben (*Warung*), Bars oder Cafés eine Kleinigkeit zu sich nehmen. Größere Bedeutung kommt dem **Abendessen** (*Makanan malam*) nach Sonnenuntergang zu. Die Restaurant-Auswahl ist in den Touristenzentren sehr groß. Besonders empfehlenswert sind auf den Inseln Bali und Lombok frisch zubereiteter Fisch und Meerestiere.

Auf Lombok ist während des islamischen Fastenmonats **Ramadan** das öffentliche Leben von Sonnenauf- bis -untergang etwas eingeschränkt. Dies gilt vor allem für den Osten der Insel. Nicht-muslimische Gäste können sich jedoch problemlos in Hotels und chinesischen Restaurants versorgen.

Feiertage

Auf **Bali** werden täglich unzählige Zeremonien abgehalten. Im offiziellen Festkalender der Tourismusämter sind aber meist nur die Tempelfeste verzeichnet, die **Odalan**. Bei diesen ›Patronatsfesten‹ für die Tempel (*Pura*) kann man lange Züge von prächtig geschmückten Frauen sehen, die auf dem Kopf üppig aufgetürmte Gaben zum Tempel tragen.

Die meisten balinesischen Feiertage sind veränderlich. Sie werden alle 210 Tage begangen, bevorzugt bei Voll- oder Neumond. Die genauen Termine listet der *Calender of Events* auf, der in Tourismusämtern und in vielen Hotels kostenlos ausliegt.

Ein sehr wichtiges Fest ist das **Bhatara Turun Kabeh** im März oder April. Dann versammeln sich alle Götter an ihren Schreinen in Besakih.

Zum **Festtagszirkel** auf Bali gehören: **Galungang** – erinnert an den Sieg des Guten (*Dharma*) über das Böse (*Adharma*). **Kuningang** – zehn Tage nach Galungang; Tag der Ahnenverehrung. **Nyepi** – balinesisches Neujahr. Am Vorabend von Nyepi tragen Männer heiliges Feuer durch die Straßen und man veranstaltet recht viel Lärm, um böse Geister zu vertreiben. Der Neujahrstag selbst ist ein Tag absoluter Ruhe: Jeglicher Straßenverkehr und alle Arbeit sind untersagt, ebenso offenes Feuer, Kochen, Vergnügungen sowie Beleuchtung. **Saraswati** – Tag der schönen Göttin der Wissenschaft und Kunst. **Pagerwesi** – zur Vorbereitung auf das erneut bevorstehende Galungan.

Das hinduistische *Nyepi* ist Staatsfeiertag und wird im ganzen indonesischen Archipel begangen, ebenso: 1. Januar – Neujahrstag, 30. Januar – *Maulid Nabi Mohammed*, Geburtstag des Propheten Mohammed, 20. Mai – *Hari Kebangkitan Nasional*, Tag der Nationalen Erweckung, 17. August – Unabhängigkeitstag, 19. Oktober – *Idul Adah*, Tag der Beendigung der islamischen Hadj (Wallfahrt nach Mekka), 10. November – Tag der Helden, 25. Dezember – Weihnacht der Christen

Auf **Lombok** sind die muslimischen Feiertage bedeutender. Einige Festtermine sind auch im Islam beweglich, darunter der Beginn des *Ramadan* und *Idul Fitri* am Ende des Fastenmonats.

Ramadan 2013 auf Lombok voraussichtlich 09. Juli – 08./09. Aug. 2013.

Weitere bewegliche nationale Feiertage in Indonesien sind Karfreitag, Ostersonntag, Christi Himmelfahrt, Islamisches Neujahr sowie Himmelfahrt des Propheten Mohammed.

Festivals und Events

März

Ubud, Bali: Beim *Bali Spirit Festival* steht Ubud vier Tage lang ganz im Zeichen von Yoga, Musik und Tanz (Tel. 08 13/ 38 79 77 66, www.balispiritfestival.com).

Juni/Juli

Denpasar, Bali: Das *Art Festival* bringt Musik, klassischen und modernen Tanz auf die Bühne des Taman Budaya Art Center (Mitte Juni–Mitte Juli, Tel. 03 61/ 22 27 76, www.baliartsfestival.com).

Senggigi, Lombok: *Senggigi Festival* mit bunter *Cultural Parade* zum Auftakt und anschließend vier Tage lang Tanz und Musik, meist traditionell mit der oboenartigen *Preret* und Fasstrommeln wie der großen *Kendang belek*.

Oktober

Kuta, Bali: Touristen und Einheimische feiern in Balis Südwesten zwei Wochen lang ausgelassen den *Kuta Karnival* (Tel. 03 61/75 23 97, www.kutakarnival.net).

Ubud, Bali: Zum viertägigen *Writers & Readers Festival* treffen sich internationale Autoren, Leser, Dichter, Denker und Publikum bei Lesungen, Buchbesprechungen, Workshops u. v. m. (Tel. 03 61/ 780 89 32, www.ubudwritersfestival. com).

Klima und Reisezeit

Hauptreisezeit ist von Mai bis September sowie zu den Weihnachtstagen. Von Mai bis September ist **Trockenzeit**, d. h. es regnet weniger als sechs Tage im Monat.

Die **Temperaturen** liegen tagsüber um 29–30 °C, auch während der **Regenzeit** (Okt.–April). Dann lässt die hohe Luftfeuchtigkeit (max. 95 %) die Temperatur drückender erscheinen. In höher gelegenen Regionen betragen die Temperaturen am Tag 16–26 °C, nachts bis zu 8 °C.

Bali und Lombok liegen nur wenig südlich des Äquators, daher scheint die Sonne jeden Tag zwölf Studen, etwa 6.30 –18.30 Uhr. Dämmerung, Sonnenauf- und untergang dauern jeweils nur kurze Zeit.

Tanz und Drama

Tänze und rituelle Schauspiele sind tief im Glauben und täglichen Leben der Balinesen verwurzelt. Häufig ergibt sich auch für Gäste die Gelegenheit, einen Baris (Kriegstanz), Topeng (Maskentanz) oder eine Wayang kulit-Vorführung (Schattenspiel) zu sehen. Die bekanntesten balinesischen Tänze und Erzählungen sind:

Barong & Rangda: Dieser Tanz handelt vom immerwährenden Kampf zwischen Gut und Böse. Die Anhänger des guten, löwenartigen Barong Keket greifen die üble Hexe Rangda mit Dolchen an. Durch deren Schwarze Magie fallen sie in Trance und versuchen, sich selbst zu erstechen. Aber Barong hilft ihnen und ein Priester führt die Trance-Tänzer abschließend mit heiligem Wasser wieder ins Leben.

Kecak: Bis zu 150 Männer beteiligen sich an diesem eindrucksvollen Schauspiel. Sie sitzen in dichten Reihen im Kreis, in dessen Mittelpunkt eine Szene aus dem Ramayana dargestellt wird. Seine wilde Kraft schöpft der Kecak aus dem beständigen An- und Abschwellen der Silben ›Ke‹ und ›Cak‹, die der Ring aus Menschenleibern unablässig und eindringlich intoniert. Dabei wiegen die Männer ihre nackten Oberkörper im Takt, bewegen gleichzeitig die Hände oder verharren bewegungslos.

Legong: Ursprünglich durfte dieser Tanz nur von jungen Mädchen vor ihrer Pubertät getanzt werden. Er erzählt in graziösen, stark stilisierten Bewegungen die Geschichte der gefangenen Prinzessin Rangkesari und ihres Bruders Daha. Der letzte Kampf mit dem Entführer König Lakesmi, in dem Daha fällt, wird von zwei Legong-Tänzerinnen und einer Assistentin, Condong, dramatisch dargestellt.

Ramayana: Das Epos handelt davon, wie Prinz Rama und sein Bruder Lakshmana mit Hilfe des Affenkönigs Hanoman die schöne und edle Sita, Gemahlin Ramas, aus den Fängen des dämonischen Königs Rawhana befreien.

Klimadaten Denpasar/Sanur/Kuta

Monat	Luft (°C) min./max.	Wasser (°C)	Sonnen-std./Tag	Regen-tage
Januar	23/31	28	8	15
Februar	23/30	28	9	13
März	23/30	28	10	12
April	24/30	29	10	9
Mai	25/30	28	9	6
Juni	25/30	28	8	5
Juli	24/29	27	9	4
August	24/29	27	10	3
September	24/30	27	11	2
Oktober	25/30	27	10	8
November	24/31	23	10	10
Dezember	26/31	29	9	14

Kultur live

Musik und Tanz spielen auf Bali eine große Rolle. Fast jedes Dorf hat ein eigenes Orchester und die besten Tänzerinnen und Tänzer sind inselweit hoch geachtet. Die meisten Tänze haben einen religiösen Hintergrund, jedoch wird nicht nur im Tempel oder bei Zeremonien getanzt. Zu unterscheiden sind **Wali** (heilige Tänze), **Bebali** (Opfertänze) und **Kreasi Baru/ Balih-Balihan** (neue Kreationen/moderne Tänze).

Für Touristen werden oft und an vielen Orten eigens Tanzvorführungen veranstaltet, etwa in Ubud oder Batubulan. Das tut dem Zauber der Darbietung in der Regel keinen Abbruch – und dauert nicht stundenlang, wie manche Originale. Auf dem Programm stehen meist Barong/Barong & Rangda, Legong, Kecak und Topeng (Maskentänze). Seltener erleben kann man Gabor (Jugendübergangs-Tanz), Gambuh (klassisches Drama), Calon Arang oder Tektekan (Trancetänze). Eine Sonderstellung nimmt das Puppen-Schattenspiel Wayang kulit ein. Wegen Sprachproblemen interessieren sich ausländische Besucher aber meist mehr für die ungewöhnlichen Stabpuppen aus Büffelleder als für die Handlung.

Museen, Tempel und Moscheen

Die Öffnungszeiten der **Museen** werden im Haupttext genannt.

Die meisten **Tempelanlagen** sind öffentlich zugänglich, der Hauptschrein hingegen nur für Gläubige. Es gibt weder feste

Öffnungszeiten noch wird eine offizielle Eintrittsgebühr erhoben. Spenden sind allerdings üblich und werden erwartet. Auf korrekte Kleidung sollte geachtet werden [s. S. 29].

Moscheen sind für Andersgläubige meist nicht zugänglich; einzelne Gemeinden machen jedoch Ausnahmen.

Nachtleben

Nächtliche Vergnügungen werden auf Bali hauptsächlich in den Touristenzentren des Südens geboten. Die Hauptstraße von **Kuta** und **Legian** ist bekannt für ihr abwechslungsreiches Angebot von Kneipen, Bars und Diskotheken. Auch in **Sanur** wird nach Kräften für die Unterhaltung der Gäste gesorgt.

Auf Lombok findet das Nachtleben am Wochenende in **Senggigi** statt.

Sport

Mit klarem Wasser, sanfter Brandung und stellenweise herrlichen Korallengärten sind Bali und Lombok für Über- und Unterwassersport wie geschaffen. Taucher und Surfer kommen an vielen Küstenabschnitten auf ihre Kosten, auch Paragliding, Wakeboarding und Jet Skiing werden häufig angeboten. Auf Bali ist Schwimmen und Baden im Meer jedoch nur an einigen Stränden oder Wasserständen möglich, etwa bei Flut innerhalb des Riffs von Sanur. Auf Lombok sind Senggigi und zunehmend auch Kuta die Ziele sportlicher Urlauber.

Golf

Bali

Bali Handara Kosaido Country Club, Pancasari, Bedugul, Tel. 03 62/342 26 46, www.balihandarakosaido.com. 18-Loch-Platz in angenehm frischer Bergluft.

New Kuta Golf, c/o New Kuta Green Park, Jl. Raya Uluwatu, Pecatu, Tel. 03 61/848 13 33, www.newkutagolf.com. Umstrittener 18-Loch-Platz auf den Klippen.

Nirwana Bali Golf Club, c/o Pan Pacific Nirwana Bali Resort, Jl. Raya Tanah Lot, Kediri, Tel. 03 61/81 59 00, www.nirwana baligolf.com. Front 9-, Back 9-Löcher.

Lombok

Lombok Golf Kosaido Country Club, Sire Bay (NW-Küste), Tel. 03 70/614 01 37

Rinjani Golf Club, Jl. Sriwijaya, Mataram, Tel. 03 70/63 73 16, www.lombok-golf.com. 18-Loch-Platz.

Mountainbiking

Bali

Balibike, Banjar Laplapan, Petulu, Ubud, Tel. 03 61/97 80 52, www.balibike.com

Sobek, Bypass Ngurah Rai 100X, Simpang Siur Kuta, Tel. 03 61/76 80 50, www.bali sobek.com

Lombok

Mountainbike Lombok, Tel. 081/ 999 09 71 26, www.mountainbikelombok. com. Tagestouren bis 9-Tage-Trails unter niederländisch-indonesischer Leitung.

River Rafting

Bali

Ayung River Rafting, Jl. Diponegoro 150 B-29, Denpasar, Tel. 03 61/23 94 40, www.ayungriverrafting.com. 8 km den Ayung hinab. Auch Angebote zu Radeln, Trekking, Pferde- und Elefantenreiten.

Bakas Levi Rafting, Denpasar, Tel. 03 61/ 25 67 80, http://balielephantpark.com. Auf dem Melangit östlich von Gianyar, Guliang – Tulikup. Auch Elefantencamp.

Sobek, Bypass Ngurah Rai 100X, Simpang Siur Kuta, Tel. 03 61/76 80 50, www.bali sobek.com. Fahrten auf dem Ayung (westlich Ubud) von Begawan bis Kedewatan und Telaga Waja White Water Raften.

Tauchen/Schnorcheln

Beliebt sind auf Bali Ausflüge zu den Korallengärten vor Amed und Tulamben (hier auch Wrack des Postschiffs U.S.S. Liberty) sowie bei Pulau Menjangan. Von Lombok aus sind die Gewässer um die Gilis unschlagbar. Tauchkurse, -ausrüstung und -ausflüge bieten zahlreiche SSI- und Padi-Schulen vor Ort.

Bali

Ena Dive Center, Jl. Tirta Ening 1, Sanur, Tel. 03 61/28 88 29, www.enadive.co.id

Tauch Terminal, c/o Tauch Terminal Resort & Spa, Tulamben, Tel. 03 61/77 45 04, www.tauch-terminal.com

Lombok

Blue Coral Padi Diving Sport, Jl. Raya Senggigi, Senggigi, Tel. 03 70/69 34 41, www.bluecoraldive.com

Blue Marlin Dive, auf allen Gilis, z. Bsp. Jl. Raya Sengiggi B2, Gili Trawangan, Tel. 0370/613 24 24, www.bluemarlindive.com

Wandern/Trekking

Bali und Lombok kann man sehr schön auf eigene Faust erwandern, Fachleute bieten ausgedehntere Touren an.

Bali

Ayung River Rafting, Jl. Diponegoro 150 B-12, Denpasar, Tel. 03 61/23 94 40, www.ayungriverrafting.com. Touren im Flachland (um Antap, westlich von Ubud) oder in der Bergregion um Bedugul.

Bali Sunrise Trekking & Tours, Jl. Raya Gentong 88, Ubud, Tel. 08 18/55 26 69, www.balisunrisetours.com. Spaziergänge um Ubud und Bedugul ebenso wie ein- oder mehrtägiges Bergtrekking.

Lombok

John's Adventures, Senaru, Tel. 081/75 78 80 18, www.lombok-rinjanitrek.com. Dorfrundgänge, Wild Forest Walks im Rinjani Nationalpark und Gipfeltouren auf den Rinjani.

Windsurfen/Wellenreiten

Auf Bali sind die besten Surfplätze an der Westküste, um Rambut Siwi und Kuta/Legian, sowie im Süden vor Tanjung Benoa und um Uluwatu auf Bukit Badung.

In Lomboks Süden ist Tanjung A'an nahe Kuta/Lombok als ideale Bucht bekannt. Auch Bangko-Bangko auf der Halbinsel Sekotong im Südwesten genießt einen guten Ruf.

Statistik

Lage: Bali und Lombok gehören zur Republik Indonesien. Der südostasiatische Inselstaat umfasst insgesamt 13677 Inseln, 6044 davon bewohnt.

Bali ist die westlichste der Kleinen Sunda-Inseln. Ihren vulkanischen Ursprung verraten vier Vulkankomplexe (höchster Berg ist der Gunung Agung mit 3142 m) im Ostteil. Im Süden breitet sich eine größere dicht besiedelte Ebene aus, in der u.a. die Inselhauptstadt Denpasar liegt. Der Norden ist dünner besiedelt.

Auch das zu den Kleinen Sunda-Inseln gehörende Lombok ist vulkanischen Ursprungs, wie man am 3726 m hohen, aktiven Gunung Rinjani im zentralen Bergmassiv sieht. Westlich und südlich davon erstreckn sich fruchtbare Ebenen.

Hauptstadt: Inselhauptstadt von *Bali* ist Denpasar, die von *Lombok* ist Mataram.

Verwaltung: Bali ist in acht Verwaltungsbezirke (Badung, Bangli, Buleleng, Gianyar, Jembrana, Klungkung, Karangasem und Tabanan), sog. *Regencies*, eingeteilt. Dazu kommt Denpasar als eigener Bezirk.

Lombok gehört zur Provinz Nusa Tenggara Barat (NTB, Westliche Inseln), die von Mataram aus verwaltet wird. Lombok unterteilt sich in die drei Verwaltungsbezirke Lombok Barat (West), Lombok Tengah (Mitte) und Lombok Timur (Ost).

Fläche: Die Insel Bali erstreckt sich über 5561 km^2, die Provinz Bali mit Nusa Penida und anderen kleineren Inseln umfasst 5634 km^2. Der östliche Inselnachbar Lombok ist mit 4725 km^2 etwas kleiner.

Bevölkerung: Rund 3,9 Mio. Einwohner leben auf Bali, 90 % sind Hindus. Von den 3,1 Mio. Einwohnern Lomboks sind im Westen viele Balinesen, Chinesen und Araber, im Osten meist malaiische Sasak. 90 % der Bevölkerung sind Muslime.

Wirtschaft: Haupteinnahmequelle von Bali ist der Tourismus, dazu kommt der Export von Kaffee, getrockneten Algen und Gewürzen. Für die Selbstversorgung ist der Nassreisanbau von enormer Bedeutung, vor allem im sog. ›grünen Gürtel‹ südlich der Berge.

Lombok ist großteils noch stark agrarisch geprägt (Trockenreis), doch auch hier gewinnt der Tourismus an Bedeutung. Vor allem der Selbstversorgung dient der Anbau von Kaffee, Maniok, Soja und Gemüse, ausgeführt werden in erster Linie Tabak, Knoblauch, Trockenfisch und Zinn.

Unterkunft

Homestays

Günstigste Form des Übernachtens: Familien vermieten Gästezimmer in ihrem Haus. Die Standards sind unterschiedlich, Familienanschluss ist garantiert.

Hotels

Bali und Lombok verfügen über eine Vielzahl internationaler Hotels, darunter zahlreiche 5-Sterne-Häusern. Daneben gibt es die landesübliche Klassifikation *Melati* mit ein, zwei oder drei Blumen. Die Standards sind oft, aber nicht immer mit den internationalen zu vergleichen, denn die Sterne-Vergabe richtet sich auch nach Hotelgröße und Zimmeranzahl.

Losmen

Losmen sind landesübliche Unterkünfte, d.h. vielfach lediglich mit Ventilator und *Kamar Mandi* (indonesisches Badezimmer mit Schöpfwasserbecken) ausgestattet, dabei meist preiswert und gut.

Verkehrsmittel im Land

Bemo/Ojek

Alle Kurz- sowie die meisten Mittel- und Langstrecken werden von Minibussen, genannt *Bemo*, bedient. Sie fahren auf festen Routen und halten, wo immer die Passagiere es verlangen. Einen festen Fahrplan gibt es nicht und viele stellen mit Einbruch der Dunkelheit den Betrieb ein. Touristen sollten sich vor Fahrtantritt nach dem korrekten Fahrpreis erkundigen, am besten im Hotel.

Ojek nennt man die privaten Motorräder, deren Besitzer sich und ihr Fahrzeug gern für eine Fahrt anheuern lassen. Sie führen meist einen zweiten Helm mit sich und bringen einen schnell ans Ziel, kosten aber mehr als öffentliche Verkehrsmittel.

Achtung: Motorradunfälle sind insbesondere auf Bali sehr häufig.

Bus

Busse der Gesellschaft *Perama* verbinden die größeren Städte, etwa Sanur mit Ubud oder Mataram mit Kuta/Lombok. Auch ›Inselhüpfen‹ per Bus ist möglich.

Mietwagen

Überlegen Sie es sich gut, ob Sie auf Bali oder Lombok selbst einen Leihwagen oder ein Motorrad fahren wollen. Die Straßen über Land sind oft eng und unübersichtlich, in den Städten ist die Verkehrslage verheerend. Bei einem Unfall haftet immer der Fahrer, im Zweifelsfall der ausländische. Schließen Sie daher vor Mieten eines Fahrzeugs eine Vollkaskoversicherung (*All risks insurance*) ab und prüfen Sie den Fahrzeugzustand (Bremsen!). Am Flughafen von Denpasar sind alle große internationale Autovermietungen vertreten.

Bequemer ist es, einen Wagen mit Fahrer/Führer zu mieten. Zuverlässige Touranbieter mit einem breit gefächerten Angebot und erfahrenen, teils deutschsprachigen Führern sind beispielsweise:

Bali

Tunas Indonesia Tours & Travel, Jl. Danau Tamblingan 119, Sanur, Tel. 03 61/28 84 50, 28 85 81, www.bali-tunas-tour.com

Lombok

Bidy Tours, Jl. Ragigenep 17, Ampenan, Tel. 03 70/63 40 95, www.bidytour-lombok.com

Pferdewagen

Dokar heißen auf Bali die einachsigen offenen Pferdewägelchen. Man sieht sie immer seltener, am ehesten noch in Kuta und Legian, vereinzelt auch in Denpasar.

Auf Lombok gehören Pferdewagen zum täglichen Leben (außer in Senggigi). *Dokar* (bzw. vierrädrige *Andong*) transportieren hier Lasten, Menschen benutzten ein *Cidomo*. Wagen wie Pferde sind bunt herausgeputzt und mit Glöckchen behängt. Im Osten Lomboks ist der Cidomo-Schmuck etwas aufwändiger und farbenprächtiger als im Westen.

Schiff

Im Inselstaat Indonesien ist der Bootsverkehr von besonderer Bedeutung, doch Passagier- und Frachtfähren sind oft überladen. Auf Bali ist Gilimanuk das Tor zum Westen, Benoa und Padang Bai nach Osten, auf Lombok ist der westliche Fährhafen Lembar, der östliche Labuhan Lombok. Zwischen Bali und Lombok verkehren auch klimatisierte Expressboote.

Pelni-Line, www.pelni.com. Nationale Schifffahrtslinie mit großen Kreuzfahrtschiffen für Fahrten im ganzen Archipel.

Bali

Pelni, Jl. Pelabuhan, Benoa, Tel. 03 61/72 34 83; Padang Bai, Tel. 03 61/23 55 52

Lombok

Pelni, Jl. Majapahit 2/Jl. Industri 1, Ampenan, Tel. 03 70/372 12

Taxi

In Städten gibt es offizielle Taxis mit Taxameter. Sonst vorab Festpreis vereinbaren.

Blue Bird Group, Tel. 701 111, www.bluebirdgroup.com. Zuverlässige hellblaue Taxis auf Bali und Lombok.

Sprachführer

Bahasa Indonesia für die Reise

Das Wichtigste in Kürze

Ja/Nein	*Ya/Tidak*
Bitte/ Danke	*Silahkan/ Terimah kasih*
bitte (auf ›danke‹)	*Sama-sama*
In Ordnung!	*Baiklah!*
Entschuldigung!	*Ma'af!*
Ich verstehe Sie (nicht).	*Saya (tidak) mengerti.*
Ich spreche nur wenig Bahasa Indonesia.	*Saya berbicara bahasa Indonesia sedikit saja.*
Ich komme aus Deutschland/Österreich/der Schweiz.	*Saya datang dari Jerman/Austria/ Swiss.*
Können Sie mir bitte helfen?	*Bolehkah anda membantu saya?*
Das gefällt mir (nicht).	*Saya (tidak) suka ini.*
Ich möchte ...	*Saya mau ...*
Gibt es ...?	*Ada ...?*
Wie viel kostet ...?	*Harga ... berapa?*
Das ist zu teuer/billig.	*Ini terlalu mahal/ murah*
Kann ich mit Kreditkarte bezahlen?	*Bolehkah saya membayar dengan credit card?*
Guten Morgen!	*Selamat pagi!*
Guten Tag!	*Selamat siang!*
Guten Abend!	*Selamat malam!*
Gute Nacht!	*Selamat tidur!*
Hallo!/Grüß dich!	*Salam!/Wassalam!*
Wie ist Ihr Name?	*Siapa nama anda?*
Mein Name ist ...	*Nama saya ...*
Auf Wiedersehen! (zu dem der bleibt)	*Selamat tinggal!*
Auf Wiedersehen! (zu dem der geht)	*Selamat jalan!*
Tschüs!/Bis bald!	*Sampai jumpa lagi!*
gestern/heute/ morgen	*kemarin/hari ini/ besok*
am Vormittag/ am Nachmittag	*pagi hari/ siang*
am Abend/ in der Nacht	*pada waktu malam/ (identisch)*
um 1 Uhr/um 2 Uhr	*jam satu/jam dua*
um Viertel vor (nach) ...	*jam ... kurang (lewat) seperempat*
um ... Uhr 30	*jam ... setengah*
Minute(n)/Stunde(n)	*menit/jam*
Tag(e)/Woche(n)	*hari/minggu*
Monat(e)/Jahr(e)	*bulan/tahun*

Zahlen

0	nol	19	sembilan belas
1	satu	20	dua puluh
2	dua	21	dua puluh satu
3	tiga	22	dua puluh dua
4	empat	30	tiga puluh
5	lima	40	empat puluh
6	enam	50	lima puluh
7	tujuh	60	enam puluh
8	delapan	70	tujuh puluh
9	sembilan	80	delapan puluh
10	sepuluh	90	sembilan puluh
11	sebelas	100	seratus
12	dua belas	200	dua ratus
13	tiga belas	1000	seribu
14	empat belas	2000	dua ribu
15	lima belas	10000	sepuluh ribu
16	enam belas	1000000	seratus ribu
17	tujuh belas	1/2	seperempat
18	delapan belas	1/4	setengah

Wochentage

Montag	*Senin*
Dienstag	*Selasa*
Mittwoch	*Rabu*
Donnerstag	*Kamis*
Freitag	*Jumat*
Samstag	*Sabtu*
Sonntag	*Minggu*

Monate

Januar	*Januari*
Februar	*Pebruari*
März	*Maret*
April	*April*
Mai	*Mei*
Juni	*Juni*
Juli	*Juli*
August	*August*
September	*September*
Oktober	*Oktober*
November	*Nopember*
Dezember	*Desember*

Maße

Kilometer	*kilometer*
Meter	*meter*
Zentimeter	*sentimeter*
Kilogramm	*kilogram*
Pfund	*pon*
Gramm	*gram*
Liter	*liter*

Unterwegs

Nord/Süd/ West/Ost	*utara/selatan/ barat/timur*
geöffnet/geschlossen	*terbuka/tertutup*
geradeaus/links/ rechts/zurück	*terus/kiri/ kanan/kembali*
nah/weit	*dekat/jauh*
Wie weit ist es nach …?	*Berapa jauh ke ...?*
Wo sind die Toiletten?	*Kamar kecil di mana?*
Wo ist die (der) nächste Telefonzelle/ Post/Bank/ Geldautomat/ Polizei?	*Di mana ... telepon umum/ kantor pos/bank/ otomat uang/ kantor polisi yang terdekat?*
Bitte, wo ist … der Busbahnhof/ eine Bushaltestelle/ der Flughafen?	*Ma'af, di mana ... stasion bis/ perhentian bis/ lapangan terbang?*
Wo finde ich … eine Apotheke/ Fotoartikel/ den Markt?	*Di mana ... apotik/ barang foto/ pasar?*
Ist das der Weg/ die Straße nach …?	*Jalan ini ke ...?*
Ich möchte mit … dem Bus/ dem Schiff/ der Fähre/ dem Flugzeug nach … fahren.	*Saya mau pergi dengan ... bis/ kapal laut/ kapal tambang/ kapal terbang ke ...*
Gilt dieser Preis für Hin- und Rückfahrt?	*Apakah harga ini untuk pulang-pergi?*
Wie lange gilt das Ticket?	*Masa berlakunya karcis ini berapa lama?*
Wo finde ich … das Fremdenverkehrsamt/ ein Reisebüro?	*Di mana ... kantor pariwisata/ biro perjalanan?*
Ich benötige eine Hotelunterkunft.	*Saya memerlukan hotel.*
Wo kann ich mein Gepäck lassen?	*Di mana dapat menyimpan koper saya?*

Zoll, Polizei

Ich habe etwas (nichts) zu verzollen.	*Saya (tidak) membawa barang yang dikenakan bea.*
Ich habe nur persönliche Dinge.	*Saya mambawa barang pribadi saja.*
Hier ist mein(e) … Geld/Pass/ Personalausweis/ Kfz-Schein/ Versicherungskarte	*Di sini ... uang/pasport kartu penduduk/ STNK/ kartu asuransi saya.*
Ich fahre nach … und bleibe … Tage/ Wochen.	*Saya pergi ke ... dan tinggal ... hari/ minggu di sana.*
Ich möchte eine Anzeige erstatten.	*Saya mau melaporkan.*
Man hat mir Geld/... die Tasche/Papiere/ den Fotoapparat/ den Koffer/ das Fahrrad gestohlen.	*Seorang mencuri/... tas/surat-surat kamera/ koper/ sepeda saya.*
Verständigen Sie bitte das Deutsche Konsulat.	*Silahkan memberitahukan konsulat Jerman.*

Freizeit

Ich möchte ein … Fahrrad/ Mountainbike/ Motorrad/ Surfbrett/ Pferd mieten.	*Saya mau menyewa ... sepeda/ mountainbike/ sepeda motor/ surf-board/ seekor kuda.*
Wo ist die (der) nächste ... Bademöglichkeit/ Strand/ Golfplatz?	*Di mana ... kesempatan untuk berenang/ pantai/ lapangan golf yang terdekat?*
Wann hat ... geöffnet?	*Jam berapa ... terbuka?*

Bank, Post, Telefon

Ich möchte Geld wechseln.	*Saya mau menukar uang.*
Brauchen Sie meinen Ausweis?	*Anda perlu melihat pasport saya?*
Ich möchte eine Telefonverbindung nach ...	*Saya mau menelepon ke ...*
Wo gibt es … Telefonkarten/ Briefmarken?	*Di mana mendapat ... kartu telepon/ prangko?*

Tankstelle

Wo ist die nächste Tankstelle?	*Di mana stasion bensin yang terdekat?*
Ich möchte … Liter … Benzin/Super/ Diesel/ bleifrei/verbleit.	*Saya mau ... liter ... bensin/ diesel/ tanpa timbel.*
Volltanken, bitte.	*Silahkan mengisi penuh.*
Bitte prüfen Sie … den Reifendruck/ den Ölstand/	*Silahkan mengadakan test ... tekanan ban/ tingginya oli/*

den Wasserstand/ das Wasser für die Scheibenwischanlage/	*tingginya air/ air kipa kaca/*
die Batterie.	*aki.*
Würden Sie bitte …	*Silahkan …*
das Öl wechseln/	*menukar oli/*
das Rad wechseln/	*menukar ban/*
die Sicherung austauschen/	*menukar sekering/*
die Zündkerzen erneuern?	*menukar busi?*

Panne

Ich habe eine Panne.	*Saya bermogoknya kendaraan.*
Der Motor startet nicht.	*Motor tidak dapat menghidupkan mesin.*
Ich habe die Schlüssel im Wagen gelassen.	*Saya lupa kunci dalam mobil.*
Ich habe kein Benzin.	*Bensin habis.*
Gibt es hier in der Nähe eine Werkstatt?	*Apa ada bengkel mobil di dekat sini?*
Können Sie meinen Wagen abschleppen?	*Anda dapat menderek mobil saya?*
Können Sie den Wagen reparieren?	*Anda dapat memperbaiki mobil ini?*
Bis wann?	*Kapan akan menyelesaikan pekerjaan ini?*

Mietwagen

Ich möchte ein Auto mieten.	*Saya mau menyewa mobil.*
Was kostet die Miete …	*Berapa harga untuk …*
pro Tag/	*satu hari/*
pro Woche/	*satu minggu/*
mit unbegrenzter km-Zahl/	*kilometer yang tidak terbatas/*
mit Kaskoversicherung/	*denagan asuransi kasko/*
mit Kaution?	*dengan uang jaminan?*
Wo kann ich den Wagen zurückgeben?	*Di mana dapat mengembalikan mobil?*

Unfall

Hilfe!	*Tolong!*
Achtung!/Vorsicht!	*Awas!/Hati-hati!*
Rufen Sie schnell …	*Silahkan cepat memanggil …*
einen Krankenwagen/	*ambulans/*
die Polizei/	*polisi/*
die Feuerwehr.	*dinas pemadam kebakaran.*
Es war (nicht) meine Schuld.	*Ini (bukan) salah saya.*

Geben Sie mir bitte Ihren Namen und Ihre Adresse.	*Silahkan mengatakan saya nama dan alamat anda.*
Ich brauche die Angaben zu Ihrer Autoversicherung.	*Silahkan memberikan saya keterangen tentang asuransi kendaraan anda.*

Krankheit

Können Sie mir einen Arzt/Zahnarzt empfehlen, der Deutsch spricht?	*Anda dapat menganjurkan dokter/ dokter gigi, yang berbahasa Jerman?*
Wo ist die nächste Apotheke?	*Di mana apotik yang terdekat?*
Ich brauche ein Mittel gegen …	*Saya memerlukan obat terhadap …*
Durchfall/	*sakit menceret (diare)/*
Halsschmerzen/	*sakit leher/*
Fieber/	*sakit demam/*
Verstopfung/	*sembelit/*
Zahnschmerzen.	*sakit gigi.*

Im Hotel

Können Sie mir ein Hotel/eine Pension empfehlen?	*Anda dapat menganjurkan sehotel/ sepenginapan?*
Ich habe bei Ihnen ein Zimmer reserviert.	*Saya sudah pesan satu kamar di sini.*
Haben Sie …	*Apa ada …*
ein Einzelzimmer/	*kamar untuk satu orang/*
ein Doppelzimmer …	*kamar untuk dua orang/*
mit Bad/Dusche	*dengan kamar mandi/dus*
für eine Nacht/ für eine Woche?	*untuk satu malam/ untuk satu minggu kosong di sini?*
Was kostet das Zimmer mit …	*Kamar ini berapa harga dengan …*
Frühstück/	*makan pagi/*
Halbpension/	*makan pagi dan malam saja/*
Vollpension?	*tiga kali makan sehari?*
Wie lange gibt es Frühstück?	*Berapa lama dapat makan pagi?*
Ich möchte um … Uhr geweckt werden.	*Silahkan membangunkan saya jam ….*
Ich reise heute Abend/ morgen früh ab.	*Saya berangkat malam hari ini/ besok pagi.*
Haben Sie ein Faxgerät/ einen Hotelsafe?	*Apa ada alat faks/kotak pengaman hotel di sini?*

Im Restaurant

Wo finde ich ein gutes/ günstiges Restaurant.	*Di mana restoran yang bagus/murah?*
Die Speisekarte/ Getränkekarte, bitte.	*Silahkan tolong saya daftar makanan/ minuman.*
Welches Gericht können Sie besonders empfehlen?	*Apa anda dapat menganjurkan makanan istimewa?*
Ich möchte nur eine Kleinigkeit essen.	*Saya mau makan sedikit saja.*
Haben Sie … vegetarische Gerichte/ offenen Wein/ alkoholfreie Getränke/ Mineralwasser mit/ ohne Kohlensäure?	*Apa ada ... makanan tanpa daging/ anggur terbuka/ minuman tanpa alkohol/ air mineral dengan/ tanpa soda?*
Kann ich bitte … ein Messer/ eine Gabel/ einen Löffel/ Stäbchen haben?	*Ma'af, tolong saya ... pisau/ garpu/ sendok/ sumpit?*
Darf man rauchen?	*Bolehkah saya merokok?*
Die Rechnung/ Bezahlen, bitte!	*Rekening/Saya mau membayar!*

Essen und Trinken

Ananas	*nanas*
Apfel	*apel*
Austern	*tiram*
Banane	*pisang*
Bier	*bir*
Birne	*pir*
Braten	*daging goreng*
Brot/Brötchen	*roti/roti kecil (kadet)*
Butter	*mentega*
Ei	*telur*
Eiscreme	*es krim*
Essig	*cuka*
Fisch	*ikan*
Flasche	*botol*
Fleisch	*daging*
Fruchtsaft	*air buah*
Geflügel	*unggas*
Gemüse	*sayur*
Glas	*gelas*
Gurke	*ketimun*
Huhn	*ayam*
Kaffee, schwarz	*kopi hitam*
Kaffee mit Milch	*kopi dengan susu*
Kartoffeln	*kentang*
Käse	*keju*
Kirschen	*ceri*
Kokosnuss	*kelapa*
Kuchen	*kue*
Krabben	*kepiting*
Mango	*mangga*
Melone	*semangka*
Meeresfrüchte	*makanan buah-laut*
Milch	*susu*
Muscheln	*kerang*
Nudeln	*makroni/(bak)mi*
Obst	*buah-buahan*
Orange	*jeruk manis*
Öl	*minyak*
Papaya	*papaya*
Pfeffer	*merica*
Pflaumen	*prem*
Reis, gebraten	*nasi goreng*
Reis, gekocht	*nasi*
Rindfleisch	*daging sapi*
Salat	*selada*
Salz	*garam*
Schinken	*ham*
Schweinefleisch	*daging babi*
Stockfisch	*ikan kering*
Suppe	*sup/sop*
Süßigkeiten	*gula-gula*
Tee	*teh*
Tintenfisch	*cumi-cumi*
Wein	*anggur*
Weißwein	*anggur putih*
Rotwein	*anggur merah*
Roséwein	*anggur rosé*
Weintrauben	*tandan buah anggur*
Zucker	*gula*
Zwiebeln	*bawang*

Hinweise zur Aussprache

Auf Lombok spricht man Sasak, auf Bali Balinesisch, beides sehr komplexe Sprachen. Auf Bali wird man oft mit den Worten ›Om swasti astu‹ begrüßt, wobei die gefalteten Hände in Brusthöhe oder an die Stirn geführt werden. Es ist höflich, die Geste mit der Formel ›Om santi santi‹ zu erwidern.
Dieser Sprachführer ist in Bahasa Indonesia gehalten, das auch unter Indonesiern als Lingua franca benutzt wird.

- j wie in ›**Dsch**ungel‹, Bsp.: sa**j**a
- c wie in ›pla**tsch**‹, Bsp.: **c**ukup
- y wie in ›**j**a‹, Bsp.: sa**y**a
- d wie in ›Wei**d**e‹, Bsp.: **d**atang
- k am Wortende wird nicht gesprochen bzw. als Verschlusslaut nur angedeutet, Bsp.: tida**k** (klingt wie ›tida‹)
- e zwischen zwei Konsonanten wird fast nicht gesprochen, Bsp. b**e**rapa (klingt wie ›brapa‹)
- w verschleift meist zu ›u‹, Bsp. ka**w**in

Register

Impressum

Chefredakteur: Dr. Hans-Joachim Völse
Textchefin: Dr. Dagmar Walden
Chef vom Dienst: Bernhard Scheller
Lektorat u. Bildredaktion: Juliane Giesecke
Aktualisierung: Elisabeth Schnurrer
Kartographie: ADAC e.V. Kartographie/KAR, Computerkartographie Carrle
Layout: Martina Baur
Herstellung: Barbara Thoma
Druck, Bindung: Rasch Druckerei und Verlag
Printed in Germany

Ansprechpartner für den Anzeigenverkauf: Kommunalverlag GmbH & Co KG, MediaCenterMünchen, Tel. 089/92 80 96 44

ISBN 978-3-89905-912-0

Neu bearbeitete Auflage 2013

Bildnachweis

Titel: Tempel Pura Ulun Danu am Bratan See auf Bali
Foto: laif/Andreas Fechner

Titel plus-Karte: Landschaft am Gunung Batur im Inselinnern von Bali
Foto: Martin Thomas

Agentur Anzenberger: 2.4 (Wh.), 3.2 (Wh.), 94, 95.2, 96, 97, 100.1, 104, 105, 106.2, 107.2, 110.2, 111, 114, 118.1, 126.4 (Robert Haidinger) – **argus:** 103.1, 115 (Hartmut Schwarzbach), 123 – **ddp Deutscher Depeschendienst GmbH:** 15.2 – **DIZ:** 14.2, 15.1 – **Johannes Frangenberg:** 2.1, 11.2, 46.1, 59, 77.1, 81, 109.2 – **Bildagentur Huber:** 86.1 (H. Schmid) – Gerold Jung: 9.3, 126.1 – **laif:** 5.2 (Wh.), 16, 18, 23, 46.3 (Clemens Emmler), 46.5, 48 (Andreas Fechner), 51 (C. Emmler), 53 (A. Fechner), 54.1, 54.2, 55 (C. Emmler), 56 (A. Fechner, 67.1 (C. Emmler) – **LOOK:** 2.3 (Wh.), 3.3 (Wh.), 4.2 (Wh.), 10.1, 19, 21, 33.1, 34.2, 44, 65, 100.2, 110.1, 119, 120.1, 120.2 (Jan Greune) – **Mauritius:** 74, 89, 113 (imagebroker), 121 (Cubo Images) – **N.N.:** 12, 13 – **Erhard Pansegrau:** 5.4 (Wh.), 40, 76, 98.1, 98.2 – **Elisabeth Schnurrer:** 14.1, 24, 33.2, 42.2, 42.4, 103.2, 106.1, 107.1, 108, 109.1, 117, 118.2, 122, 124, 125, 126.6 – Shutterstock: U4.1 (Mikhail Dudarev), U4.2 (magicfoto) – **Martin Thomas:** 2.2 (Wh.), 3.1 (Wh.), 3.4 (Wh.), 4/1 (Wh.), 4.3 (Wh.), 5.1 (Wh.), 5.3 (Wh.), 6.1, 6.2, 7, 8.1, 8.2, 8.3, 8.4, 9.1, 9.2, 10.2, 10.3, 11.1, 20, 25, 26, 28, 30, 31, 34.1, 35, 36, 38, 41, 42.1, 42.3, 45, 46.2, 46.4, 49, 50, 52, 57, 58, 60, 61.1, 61.2, 62.1, 62.2, 64, 66, 67.2, 68.1, 68.2, 70, 72, 73, 88, 77.2, 78, 79, 80, 82, 83.1, 83.2, 85, 86.2, 90.1, 90.2, 91, 92, 95.1, 99, 126.3, 126.4, 126.5 – **zefa:** 112 (W. Jacobs)